DE BOZE HEKS MOET WINNEN

Hanna Kraan

De boze heks moet winnen

met tekeningen van Annemarie van Haeringen

Lemniscaat 8 Rotterdam

Van Hanna Kraan verschenen bij Lemniscaat

Verhalen van de boze heks
De boze heks is weer bezig!
Bloemen voor de boze heks
Toveren met de boze heks
Boze heks geeft een feest

Dansen op het dak (Sinterklaasverhalen)

Derde druk, 2002
Omslag en illustraties: Annemarie van Haeringen
© Lemniscaat b.v. Rotterdam 1999
ISBN 90 5637 191 6
Druk: Drukkerij Haasbeek b.v., Alphen aan den Rijn
Bindwerk: Boekbinderij Spiegelenberg b.v., Zoetermeer

Inhoud

Tomatensoep

De haas lag achter een heuveltje, vlakbij de heksenhut,
en gluurde tussen de struiken door.
Hij kroop nog iets hoger en boog voorzichtig een tak
opzij.
Plotseling kreeg hij een duw in zijn rug.
'Handen omhoog!'
Bleek gleed hij naar beneden.
De egel danste om hem heen.
'Je had me niet gezien! Je had me niet gehoord!'
'Hou op,' zei de haas. 'Je bederft alles.'
De egel stond stil. 'Ik wou je alleen maar verrassen.'

'Dat is dan gelukt,' zei de haas kort. Hij keek langs het heuveltje. 'Bukken!'

De egel hurkte naast hem neer.

'Wat is er? Wat doe je?'

'Ik wacht, tot de heks naar buiten komt.'

'Waarom?'

Voordat de haas kon antwoorden, voelden ze alletwee een klap op hun schouder.

'Help!' hikte de egel.

'Schrik je van me?' vroeg de uil verbaasd.

'Ja! Wie doet dat nou.'

'Bukken,' zei de haas.

De uil ging naast de egel zitten.

'Ik kwam gewoon langs en ik wou weten, wat jullie aan het doen zijn.'

'We wachten, tot de heks naar buiten komt,' legde de egel uit.

'Waarom?'

De egel keek naar de haas. 'Waarom ook weer?'

'Dan kan ik binnen kijken, wat ze uitspookt,' zei de haas. 'Volgens mij werkt ze aan een toverdrank.'

'Volgens mij niet,' zei de egel. 'Ze was vanmorgen gewoon paddestoelen aan het zoeken.'

'Dat is het nou juist. Ze zoekt al dagen paddestoelen. En als je haar wat vraagt, grinnikt ze alleen maar.'

'Gisteren zocht ze paddestoelen bij mijn boom,' zei de uil nadenkend. 'En toen ik vroeg waar die voor waren, zei ze, dat ik dat wel zou merken.'

'Zie je wel,' zei de haas. 'Ze is weer iets van plan. En ik wil weten wat.'

'Narigheid,' zei de uil somber. 'Wedden?'

'Sst!' siste de egel. 'Daar is ze.'

De deur van de hut ging open en de heks kwam naar buiten. Zwaaiend met een mandje liep ze het bos in.

De haas stond op. 'Kom mee. Naar binnen.'

'Maar, maar als ze terugkomt?' vroeg de uil.

'Dan zijn we allang weer weg. Opschieten.'

Snel liepen ze naar de heksenhut en gingen naar binnen. Het toverboek lag opengeslagen op tafel en een grote ketel pruttelde op het vuur.

'Net wat ik dacht,' zei de haas. 'Een toverdrank.'

De egel keek in de ketel. 'Welnee. Dat is gewoon tomatensoep.'

'Tomatensoep ruikt anders,' zei de uil. 'Meer naar tomaten.'

De haas las een paar regels in het toverboek.

'Aha! Weet je wat dat is? Dat is geen tomatensoep. Dat is kwaakwater.'

'Kwa-kwa-kwaakwawater?' stamelde de uil.

'Ja. Als je dat drinkt, kun je een paar dagen niet meer praten, alleen maar kwaken.'

'Kwaak!' kwaakte de egel. 'Kwakerdekwaak.'

De uil verbleekte. 'Heb je ervan gedronken?'

'Natuurlijk niet,' giechelde de egel. 'Ik oefen alleen even.'

'Dat spul moet weg,' zei de haas. 'Maar hoe?'

Hij keek weer in het toverboek.

'Ga nou niet staan lezen,' zei de uil zenuwachtig. 'Bedenk liever iets, voor de heks terugkomt.'

'Zeep!' riep de haas.

'Zeep?' vroegen de uil en de egel.

De haas gaf een klap op het toverboek. 'Hier staat het. De drank verliest zijn toverkracht, als er zeep bijkomt.' Hij keek om zich heen. 'Waar ligt de zeep?'

De egel trok een kastje open. 'Hier!'

'Daar!' riep de uil en hij wees naar buiten. 'Daar is ze!'

De boze heks kwam met grote stappen naar de hut toe.

'Wat nu?' fluisterde de uil. 'We kunnen niet meer weg.'

De haas hield het tafelkleed omhoog.

'Onder de tafel. Vlug!'

Daar kwam de heks met haar mandje vol paddestoelen de hut binnen.

'Kwaken zullen ze, hihihi. Allemaal. Wat een grap.'

Ze gooide de paddestoelen in de ketel en roerde de drank goed door. Een zware walm vulde de kamer.

De dieren onder de tafel hielden hun neus dicht. De egel werd steeds roder.

'Uche uche,' kuchte hij. 'Uche bah!'

De heks hield op met roeren.

'Uche uche oech!'

Met een ruk trok de heks het tafelkleed opzij.

'Wat moet dat? Wat doen jullie hier?'

De haas kwam onder de tafel uit.

'We kwamen toevallig langs en de deur stond open.'

'We wilden u goeiendag zeggen,' zei de uil. 'Maar u was aan het koken.'

'Tomatensoep,' zei de egel.

'Tomatensoep, ja,' zei de heks vlug. 'Maar waarom zaten jullie onder de tafel?'

'We...' begon de uil. Hij keek naar de haas. 'We...'

'We wilden u verrassen,' zei de haas.

De heks keek hem achterdochtig aan. 'Ik houd niet van verrassingen.'

'De haas ook niet,' vertelde de egel. 'Ik zei: "Handen omhoog" en hij...'

'Hou je mond. Hoe lang zaten jullie daar al?'

'Net!' zei de haas. 'Een minuut, hooguit.'

'Een halve minuut,' zei de uil. 'Nog niet eens.'

'En hebben jullie iets gezien of gehoord?'

De haas keek met grote ogen terug.

'Wat zouden we gezien of gehoord moeten hebben?'

'Jullie hebben niet toevallig in mijn toverboek gekeken?'

'Toverboek?' De haas keek om zich heen. 'Waar ligt dat dan?'

'Voor tomatensoep heb je toch geen toverboek nodig,' zei de uil.

De heks grijnsde.

'Tomatensoep,' giechelde de egel. 'Kwaaksoep, zul je bedoelen.'

De haas zuchtte.

De uil sloot zijn ogen.

'Wat?' schreeuwde de heks. 'Jullie waren hier al, toen ik thuiskwam. Jullie hebben hier rondgeneusd. Oeioeioei!'

'Neenee, heus niet,' jammerde de uil.

'En nou willen jullie zeker mijn drankje bederven, hè? En de andere dieren waarschuwen, hè? Maar dat gaat mooi niet door.'

De heks blies naar de deur en mompelde een spreuk.

'Lopen!' riep de haas.

Hij trok de anderen mee naar de deur.

Maar voor ze daar waren, klonk er een hoge fluittoon.

Een kille wind waaide naar binnen. De hut leek rond te draaien en alles werd zwart.

De fluittoon hield op.

'Oef,' zei de haas. Hij wreef over zijn oren.

Een bij zoemde om zijn hoofd. Ver weg koerde een duif.

De haas deed zijn ogen open.

Hij zat op een grote zandvlakte, met bomen in de verte.

Naast hem knipperde de uil met zijn ogen tegen de zon.

'Waar ben ik?'

De egel rekte zich uit. 'Hee, we zijn ineens buiten. Hoe kan dat nou?'

'De heks heeft ons naar buiten getoverd,' zei de haas.

'Wat gemeen! Ik werd klaboem tegen het zand getoverd. Ik had me wel pijn kunnen doen.'

De uil keek om zich heen.

'Maar... maar we zijn in een woestijn! We zijn aan de andere kant van de wereld.'

'Wat spannend,' zei de egel. 'Zijn er kamelen?'

'Maar dit is...' begon de haas.

De uil luisterde niet. Handenwringend keek hij rond.

'Hoe komen we ooit weer thuis?'

'Gewoon. Lopen,' zei de haas.

'Maar we weten toch niet waarheen. En er is nergens water. We zullen omkomen van de dorst.'

De egel smakte. 'Ik heb nu al dorst.'

De haas ging staan en klopte het zand van zijn vacht.

'Omkomen in een woestijn, aan de andere kant van de wereld,' zei de uil treurig. 'Wat een narigheid.'

'Kijk nou eens goed,' zei de haas. 'We zijn gewoon op de zandverstuiving.'

'Ja...' zei de egel. 'Daarom zijn er geen kamelen.'

'De zandverstuiving,' zei de uil opgelucht. 'Die woestijn kwam me al zo bekend voor.'

'Maar waarom heeft de heks ons hier naartoe getoverd?' vroeg de egel.

'Om ons uit de buurt te hebben,' legde de haas uit. 'Nu kan ze rustig dat kwaakwater afmaken.'

Hij trok de uil overeind. 'Kom mee. We gaan haar halen. En zodra ze de hut uit is, doe ik zeep in de toverdrank.'

'Hoe wou je haar meekrijgen?' vroeg de uil. 'Dat doet ze nooit.'

'We zeggen dat de egel heel hard is neergekomen...'

'Klaboem in het zand,' zei de egel.

'En dat hij hulp nodig heeft.'

'En een glaasje water. Nee, bessensap, of...'

De anderen waren al weg. De egel holde achter ze aan. 'Chocolademelk mag ook!'

'Blijf nou zitten,' riep de haas over zijn schouder. 'Anders heeft ze het meteen door.'

De egel huppelde terug en ging in het zand liggen.

'Heel hard neergekomen,' zei hij zachtjes. 'Ik heb hulp nodig.'

Hij gaapte en sloot zijn ogen.

De boze heks roerde in haar ketel met kwaakwater.
'Bijna klaar,' mompelde ze. 'Ze zullen wat beleven in het bos.'
'Heks!'
De heks liet haar pollepel in de ketel vallen en draaide zich om. De haas en de uil renden naar binnen.
'Heks, kom gauw! De egel is gewond.'
'Ga weg,' snauwde de heks, 'of ik tover jullie weer naar buiten en...' Ze hield op.
'Wat is er met de egel?'
'Hij is heel hard op het zand neergekomen,' hijgde de haas.
'Klaboem op de grond,' zei de uil.
'Dat kan niet. Jullie kwamen zacht neer.'
'De egel niet,' zei de haas. 'En nu is er iets met zijn been.'
De heks verbleekte.
'Waarschijnlijk is er toch iets fout gegaan met die toverspreuk,' zei de uil. 'U moet hem helpen.'

'Maar mijn toverdrank...'

'Die kan wel even wachten,' zei de haas. 'Kom.'

Hij trok de heks mee naar buiten.

'Hier is uw bezem,' zei de uil. 'Ik vlieg met u mee.'

'En ik ren mee,' zei de haas. 'Zo hard ik kan.'

Hij rende weg. Zodra de heks en de uil uit het zicht verdwenen waren, draaide hij om en rende weer naar binnen.

Hij pakte het stuk zeep uit het kastje en liet het in de ketel glijden.

De drank begon te kolken en te schuimen. Uit het schuim borrelden zeepbellen op. Ze zweefden door de kamer en dreven langzaam de deur uit, naar buiten.

'Wat mooi,' zei de haas.

Hij blies naar de bellen. Met een zacht 'Kwaak' spatte er één uit elkaar.

'Kwaakbellen,' zei de haas tevreden. 'Die heeft ze vast nog nooit gemaakt.'

Hij sprong naar buiten en rende terug naar de zandverstuiving.

De stem van de heks schalde hem tegemoet.

'Aansteller! Moet ik daarvoor komen? Jij altijd!'

'Is hij weer beter?' vroeg de haas buiten adem.

'Beter? Hij mankeert niets!'

De heks draaide zich om.

'Ben je er nu pas? Waar blijf je zo lang?'

'Ik kan niet zo hard lopen. Ik kwam ook hard neer, daarnet.'

'Schei toch uit! Je kwam niet hard neer en de egel ook niet.'

'Wel,' zei de egel. 'Ik was flauwgevallen van de pijn.'

'Flauwgevallen? In slaap gevallen, zul je bedoelen.'

'Hij kon zijn been niet meer bewegen,' zei de uil. 'Dat heb ik zelf gezien.'

'O nee? Toen ik zijn voet aanraakte, kon hij ineens wel bewegen.'

'Je kietelde,' giechelde de egel.

'Lastpakken,' mopperde de heks. 'Altijd hetzelfde geleuter. Ik had gewoon thuis kunnen blijven.'

Ze sprong op haar bezem en vloog weg.

'Had je nou niet heel even wakker kunnen blijven?' vroeg de uil.

'Ik kon er niets aan doen,' gaapte de egel. 'Dat zand is zo lekker warm.'

'Geeft niet,' zei de haas. 'De heks moest alleen even haar huis uit en dat is gelukt.'

'En het kwaakwater?' vroeg de uil.

'Dat is nu zeepsop. Ze kan er alleen nog maar bellen mee blazen.'

'Dat hebben we weer slim gedaan,' zei de egel trots. 'Tegen ons kan ze lekker niet op.'

De uil plukte aan zijn veren.

'Ze zal wel boos zijn, als ze het ontdekt...'

'Oeioeioei!' hoorden ze in de verte. 'Zeepbellen! Oeioeioei!'

'Gauw naar huis,' zei de haas. Hij trok de anderen mee.

'En we moesten voorlopig maar uit de buurt van de heks blijven.'

'Jammer,' zuchtte de egel.

De haas en de uil bleven staan.

'Wou je naar de heks?'

'Waarom?'

'Gewoon,' zei de egel. 'Vragen of ze me nog eens naar de zandverstuiving tovert.'

De egel gooit raak

Midden op de open plek draaide de haas een den-
nenappel in de grond. Een eind verderop trok hij met
zijn voet een streep.
'Achter de streep blijven. We gooien om de beurt een
steentje. Wie de dennenappel raakt of er het dichtste bij
komt, heeft gewonnen.'
'En dan?' vroeg de merel.
'Dan krijg je de steentjes van de anderen erbij. Wie aan
het eind de meeste steentjes heeft, is de winnaar.'
'Wat een dom spel,' zei de egel. 'Daar is toch niks aan?'
'Probeer het maar eens.'
De egel gooide een steentje. Het kwam ver achter de
dennenappel neer.
'Nou ik,' zei de merel. 'Dat is beter.'
De haas keek strak naar de dennenappel, kneep zijn
ogen een beetje dicht en mikte.
Tok!
'Raak!' riep de haas en hij haalde de steentjes op.
'Dat is niet eerlijk,' zei de egel. 'Jij hebt geoefend.'
'Hoe kan ik nou geoefend hebben? Ik heb het spel net
verzonnen.'
'Doorspelen,' zei de merel. 'Nou mag ik eerst. Kijk
eens! Er vlak voor.'

De haas gooide. 'Vlak naast jou.'
De egel zwaaide een paar maal met zijn arm.
'Let op. Nu zul je wat zien.'
'Ik zie niks,' zei de merel. 'Waar is je steentje nou?'
'Het schoot uit mijn hand,' klaagde de egel. 'Ik mag
over.'
Hij gooide een ander steentje.
'Beetje uit de buurt,' grinnikte de merel.
'Jij duwde,' zei de egel boos. 'Jij duwde tegen me aan.'
'Hoe kan ik nou duwen? Ik sta een heel eind van je af.'
'Dan duwde de haas. Ik mag nog eens.'
'Nog eens?' riep de merel. 'Voor de derde keer, zeker.
Dat kan niet.'
Maar de egel gooide al.
'Veel beter. Zie je wel? Als er niemand duwt, gaat het
goed.'

Ze gingen bij de dennenappel kijken.

'Die van de merel ligt het dichtste bij,' zei de haas.

'Die van mij!' riep de egel en hij schoof met zijn voet zijn steentje naar voren.

'Laat dat,' zei de merel. 'Als je niet tegen je verlies kunt, moet je niet meespelen.'

'Ik kan wel tegen mijn verlies, maar jullie spelen vals. Ik doe niet meer mee.'

Boos liep de egel het bos in.

'Die komt wel weer terug,' zei de haas. 'Wij gaan gewoon door.'

Hij pakte een steentje, maar voor hij kon gooien, kwam de uil aanlopen.

'Wat is er met de egel? Hij botste tegen me op en hij liep gewoon door, zonder iets te zeggen.'

'Boos,' grijnsde de merel.

'We doen een spelletje,' legde de haas uit. 'Steentjes

gooien naar die dennenappel daar. De egel verloor en toen werd hij boos.'

'Meen je dat nou?' zei de uil. 'Dat kan ik me niet voorstellen.'

Hoofdschuddend keek hij naar de dennenappel.

'En dat voor zo'n dom spelletje. Daar is toch niets aan? Geef mij eens een steentje.'

'Hier,' zei de haas. De uil gooide.

'Niet gek, al zeg ik het zelf.'

'Nu ik,' zei de merel. 'Raak!'

'En nu ik,' zei de haas. 'Ai! Ernaast. Ze zijn voor jou, merel.'

Het gezicht van de uil betrok.

'Maar dat is niet eerlijk. Jullie hebben al geoefend en ik kom net aanlopen.'

De haas zuchtte. 'Probeer het dan nog maar een keer.'

De uil zocht met zorg een steentje uit en gooide nog eens.

'Je kan niet mikken,' grinnikte de merel.

'Kan ik wel,' zei de uil kwaad. 'Maar jullie duwen tegen me aan. Dan gaat het niet.'

'Oeioeioei!'

'Ook dat nog,' mompelde de haas.

De boze heks stampte de open plek op.

'Dat ongemanierde stekelbeest! Hij loopt zomaar tegen me aan! Ik verander hem in een sprinkhaan! Ik tover hem kort en klein!'

'We deden een spelletje,' begon de haas. 'En...'

'Zonder uit te kijken, zomaar tegen me aan. En toen ik iets zei, liep hij gewoon door. Wat denkt hij wel!'

'We deden een spel, en hij verloor,' zei de merel. 'En nou is hij kwaad.'

'Kwaad, omdat hij verloor? Echt waar? Hihahoe!'

De heks sloeg op haar knie van het lachen.

'Belachelijk, ja,' zei de uil. 'Kinderachtig. Bah.'

'Echt weer iets voor de egel,' zei de heks. 'Wat voor spel is het?'

De haas legde het uit en gaf haar een steentje.

'Wilt u het proberen?'

De heks ging achter de streep staan en zwaaide langzaam haar arm op en neer.

'U kunt het beste iets naar voren leunen,' zei de haas.
'En strak gooien,' zei de merel.
'Nee!' riep de uil. 'Juist met een boogje.'
De heks stampvoette.
'Hou nou toch eens op! Zo kan ik niet richten. Naar
achteren, jullie.'
De dieren deden een stap achteruit.
'Nog verder naar achteren. Ja, zo. Eén twee drie!'
Tok!
'Raak! In één keer raak! Wat goed!' riepen de dieren.
'Maar...' De heks wees naar de steen. 'Maar dat is mijn
steen niet. De mijne was wit en deze is bruin.'
'Dat is míjn steen!'

De egel holde de open plek op.

'Zagen jullie dat? In één keer raak. En helemaal daar vandaan.'

De heks zette haar handen in haar zij.

'Dat telt niet. Je moet achter de streep staan.'

'Maar ik stond veel verder, dat is nog veel moeilijker.'

'Dat mag helemaal niet! Dat is tegen de regels. Waar is míjn steen gebleven?'

'Daar,' wees de uil.

'Beetje uit de buurt,' giechelde de egel.

'Ja!' schreeuwde de heks. 'En weet je, hoe dat komt?'

De haas kuchte. 'Werd u soms geduwd?'

'Precies! Dat was het! Ik werd geduwd.'

'Ik ook,' zei de uil. 'Ik kreeg een duw en toen verloor ik mijn evenwicht.'

'Dat was bij mij ook,' zei de egel. 'Het gaat gewoon niet, als ze duwen.'

'Stom spelletje,' mopperde de heks. 'Stomme steentjes. Ik verander ze in... in...'

'Bosbessen?' vroeg de haas.

'In konijnenkeutels.'

'Bosbessen!' riepen de dieren. 'Bosbessen! Bosbessen!'

'Nou goed dan,' zei de heks. 'Bosbessen. En niet duwen, als ik tover!'

Beukennootjes

De boze heks zette de vijzel op tafel en keek in haar toverboek.

'Wat heb ik allemaal nodig? Bosviooltjes, heb ik. Berkenblaadjes, heb ik. Beukennootjes... Heb ik nog beukennootjes?'

Ze wreef over haar rug en deed de kastdeur open.

'Geen beukennootjes...'

Zuchtend pakte ze een emmertje.

Maar toen hoorde ze buiten zingen.

> *'Zolang een egel stekels heeft*
> *heeft hij niets te vrezen!'*

Het gezicht van de heks klaarde op. Ze deed de deur open.

'Egeltje! Kom jij eens hier.'

'Ik kijk wel uit!' riep de egel en hij begon te hollen.

'Kom hier!'

De egel zwaaide en holde weg. Maar na een paar stappen werden zijn benen zwaar en traag. Hij kon niet verder, hij moest blijven staan.

'Hee!' riep hij angstig. 'Ik kan niet meer lopen.'

'Dat komt ervan,' zei de heks. 'Wat denk je wel. Door-lopen als ik je roep.'

'Ik heb geen tijd,' sputterde de egel. 'Ik heb het druk.'

'Waarmee dan?'

'Met, met... Ik moet... Ik ging net... Ik wou...'

De heks snoof.

'Je hebt het helemaal niet druk. Je hebt alle tijd om beukennootjes voor me te zoeken. Hier.'

Ze gaf hem het emmertje.

'Ik weet het alweer. Ik ging net eten.'

'Dat doe je straks maar. Eerst zoeken.'

De egel sloeg zijn armen over elkaar. 'Nee.'

'Wat nou nee?' zei de heks kwaad.

'Ik kan geen beukennootjes zoeken, want ik kan niet weg.'

De heks mompelde een spreuk.

'Gelukkig,' zei de egel en hij maakte een sprongetje.

'Aan het werk, jij,' zei de heks. 'Opschieten. Er is haast bij.'

De egel zuchtte en liep weg met het emmertje.

'Waarom zoekt ze zelf niet?' mopperde hij. 'Ik moet het weer doen. Ik moet altijd alles doen.'

Hij keek naar de grond.

'Er liggen hier helemaal geen beukennootjes. O, wacht eens. Ik weet al, hoe dat komt. Er staan hier geen beuken. Die staan verderop.'

Op een drafje liep hij door.

Toen hij een bodempje noten geraapt had, zag hij in de

verte de haas en de uil. Ze zaten met hun rug naar hem
toe, aan de rand van de zandverstuiving.
De egel ging kijken, wat ze deden.
De haas zat over zijn schetsboek gebogen en de uil zat
naast hem te knikkebollen.
De egel zette het emmertje neer. Hij sloop naar voren
en hield zijn handen voor de ogen van de haas.
'Wie ben ik?'
'De egel,' zei de haas met een zucht.
De uil schrok wakker. 'Wat, wat... O, jij bent het maar.'
'Wat ben je aan het tekenen?' vroeg de egel.
De haas wees met zijn potlood. 'De zandverstuiving.'
'Die kale vlakte? Wat is daar nou aan?'
De haas gaf geen antwoord.
'Zo'n grote, lege zandbak. Dat is toch saai?'
'Dat vind jíj,' zei de uil. 'Maar je moet de dingen altijd
van twee kanten bekijken.'
De egel liep de zandverstuiving op en draaide zich om.
'Van deze kant is het ook een saaie zandbak.'

'Ik bedoel, jij vindt er niets aan, maar de haas vindt dit wél mooi om te tekenen.'

'Hij kan beter mij tekenen,' zei de egel en hij ging met een brede glimlach voor de haas staan.

'Ga weg,' zei de haas.

'Ik ga al,' zei de egel beledigd. 'Ik ga eten.'

'Ik ga met je mee,' zei de uil gauw. 'Kom je ook, haas?'

'Straks,' bromde de haas. 'Als mijn tekening af is.'

De egel en de uil liepen samen het bos in. Toen ze het huis van de egel zagen, bleven ze staan.

'Je hebt bezoek,' fluisterde de uil.

De boze heks stond voor de deur, met haar handen in haar zij.

'Waar blijven mijn beukennootjes?'

De egel sloeg een hand voor zijn mond. 'Vergeten...'

'Hoe kun je dat nou vergeten? Ik had nog zo gezegd, dat er haast bij was.'

'Beukennootjes?' vroeg de uil. 'Gaat u een taart bakken?'

De heks lette niet op hem.

'Waar is mijn emmertje?'

De egel slikte. 'Weet ik niet meer.'

'Vergeetachtig stekelbeest! Ik zal je leren. Ik verander je in een vergeetmijnietje!'

De heks stoof naar voren. Maar ineens bleef ze staan en greep naar haar rug.

'Au!'

'Wat is er?' vroeg de uil. 'Last van uw rug?'

30

'Ja. Vanmorgen tilde ik een ketel met toverdrank op en toen schoot het er zomaar in.'

'Heeft u daar geen zalfje voor?'

'Dat ga ik maken. Maar daar heb ik gestampte beuken-nootjes voor nodig.'

'Ik was aan het zoeken,' zei de egel. 'Maar toen zag ik de haas en de uil, en toen heb ik er niet meer aan gedacht.'

'Leugenaar,' knarste de heks. 'Je hébt helemaal niet gezocht.'

'Wel waar! Ik weet alleen niet meer, waar ik het em-mertje heb gelaten.'

'Smoesjes! Dat kan toch niet.'

'Dat kan wel. Je moet de dingen altijd van twee kanten bekijken. Maar dat doe jij nooit.'

'O nee? Ik zal jou de dingen eens van twee kanten laten bekijken. Ik tover je heen en weer, ik...'

'Weet u wat?' zei de uil zenuwachtig. 'We gaan nú gezellig samen eten, en daarna zoeken de egel en ik beukennootjes voor u.'

'Eten...' zei de heks. 'Ja! Dan kan ik ook even zitten.'

De egel wilde de deur opendoen. 'Hè?'

'Wat is er?' vroeg de uil.

'De deur is weg!'

De uil kwam kijken. 'Er is helemaal geen deur. Weet je zeker, dat hier een deur was?'

'Natuurlijk weet ik dat zeker. Wie woont hier nou, jij of ik?'

De uil liep om het huis heen.

'Hier is de deur. Aan deze kant.'

De egel holde naar hem toe. De heks volgde stram.

'Je huis is gedraaid,' zei de uil. 'De voorkant is nu aan de achterkant. Hoe kan dat nou?'

'Hihihi,' grinnikte de heks.

'Dat heb jij gedaan!' riep de egel. 'Wat een gemene streek.'

'Je wou de dingen toch zo graag van twee kanten bekijken? Hihihi.'

De egel keek haar woedend aan en liep naar binnen.

'Eigenlijk net als altijd,' zei de uil. 'De deur is nu hier, dat is alles.'

'Dat hoort niet,' klaagde de egel. 'En het uitzicht is weg.'

De uil liep de kamer rond.

'Ik ben er al aan gewend.'

'Ik niet. En ik wil er niet aan wennen. Zet het weer goed.'

'Eerst eten,' zei de heks en ze ging aan tafel zitten. 'Anders kan ik niet toveren.'

Met een kwaad gezicht zette de egel brood op tafel.

De uil wreef in zijn handen.

'Dat ziet er lekker uit. Dat...'

Hij hield op en pakte de rand van de tafel vast.

'Ik ben duizelig!'

'Ik ook,' zei de egel. Hij ging gauw zitten.

'Allebei zomaar duizelig,' zei de uil bang. 'Zouden we ziek zijn?'

Hij voelde aan zijn voorhoofd.

'Dat komt door de honger,' zei de heks. 'Je moet iets eten, dan gaat het wel over.'

De egel nam een hap. Hij wachtte even.

'Ja. Het is over.'

'Bij mij ook,' zei de uil. 'Als het maar niet terugkomt.'

En hij nam nog een hap.

Er werd tegen het raam getikt en daar was de haas.

Zwaaiend met zijn schetsboek kwam hij binnen.

'Mijn tekening is af!'

Hij nam een stoel. 'Dag heks. U ook hier?'

De egel keek hem met grote ogen aan.

'Hoe kom jij binnen?'

'Gewoon. Door de deur.'

'Maar de deur is aan de achterkant.'

'Zag je niet, dat je moest omlopen?' vroeg de uil.

De heks nam nog een boterham.

De haas keek van de één naar de ander.

'Wat hebben jullie? De deur is daar, net als altijd. Hoe had ik anders binnen kunnen komen?'

De egel sprong op en keek om zich heen.

'Het uitzicht is terug! Hoera!'

'Je huis staat weer recht,' zei de uil. 'Wacht eens... Waren we daarom duizelig, daarnet?'

De heks grinnikte. 'Jullie hadden niets in de gaten. Wat een grap.'

'Wat is er nou toch?' vroeg de haas. 'Wat is er met de deur en het uitzicht?'

'Ik had het huis achterstevoren getoverd,' grinnikte de heks.

'Als je het voortaan maar laat,' zei de egel. 'Mijn huis is geen draaimolen.'

'Laat je tekening eens zien,' vroeg de uil.

De haas legde het schetsboek op tafel.

'Oooh!' riep de egel.

'Maar dat zijn wij,' zei de uil. 'Op de zandverstuiving.'

De haas streek over zijn snorren.

'Ik heb jullie er bij getekend. Het was toch een beetje kaal.'

'Zei ik toch?' zei de egel. 'Ik heb daar kijk op.'

De uil wees naar de tekening.

'Wat is dat, tussen ons in?'

'Mijn emmertje!' riep de heks.

'Is dat úw emmertje?' vroeg de haas. 'Dat stond achter me, bij een boom. Ik heb het er ook maar bijgetekend.'

De egel gaf de heks een klap op haar schouder.

'Ik weet weer, waar ik je emmertje heb gelaten!'

De heks kromp ineen. 'Au!'

'Wat is er?' vroeg de haas geschrokken.

'Last van haar rug,' legde de uil uit. 'We gaan straks beukennootjes voor haar zoeken.'

'Voor een taart?'

'Nee, voor een zalf.'

'Beukennootjes?' zei de haas nadenkend. 'In dat emmertje zaten ook beukennootjes.'

'Zie je nou wel!' riep de egel. 'Ik heb wél beukennootjes voor je gezocht.' En hij gaf de heks nog een klap op haar schouder.

'Voorzichtig!' riep de uil.

De heks ging langzaam staan.

De egel liet zich van zijn stoel glijden en holde naar de deur.

Maar de heks kwam hem niet achterna.

Ze duwde tegen haar rug.

'Hee...' zei ze zachtjes.

'Wat is er?' vroeg de haas.

'Het is over!' zei de heks verbaasd. 'Het schoot er zomaar uit.'

De egel kwam terug. 'Dat heb ík gedaan.'
De heks liep om de tafel heen, eerst langzaam en toen sneller.
'Het is echt over!'
'Gelukkig,' zei de egel. 'Dan hoef ik tenminste geen beukennootjes meer te zoeken.'
'Dat moet je wel,' grinnikte de heks. 'Want nu ga ik beukennootjestaart bakken.'

Witte draden

'Eigenaardig,' zei de haas.

Hij stond op zijn tenen en keek aandachtig naar een eik. Om de stam was een witte, wollen draad gebonden.

De haas wilde net doorlopen, toen de uil kwam aanvliegen.

'Haas, moet je horen. Er zit een draadje om mijn boom. Een witte draad.'

De haas wees omhoog. 'Zo één?'

'Ja, zo één. Wat kan dat zijn?'

'Ik weet het niet. Misschien is het voor een spel, of zo.'

'Nee,' zei de uil somber. 'Geen spel. Dit betekent iets. Ik voorvoel narigheid.'

'Kijk eens!' De egel kwam aanhollen.

'Kijk eens, wat ik hier heb.'

'Twee witte draadjes,' zei de haas. 'Hoe kom je daaraan?'

'Ze zaten om twee bomen bij mijn huis. Ik heb ze maar weggehaald.'

'Maar dat kan gevaarlijk zijn,' zei de uil geschrokken. 'Misschien betekenen ze iets.'

'Kan wel wezen,' zei de egel. 'Maar ik wil ze niet bij mijn huis.'

En hij gooide de draden tussen de varens.

De haas liep langzaam verder. 'Daar is er nog één.'

'Misschien weet de heks wat het betekent,' zei de uil. 'Misschien heeft zij...'

Ze hoorden een luid gekraak.

'Wat was dat?' vroeg de uil ongerust.

'Er is ergens een tak afgebroken,' zei de egel.

'Daar was het te hard voor, dat...'

'Daar!' riep de haas. 'Daar stond toch een spar?'

'Ja...' zei de uil. 'Een hele hoge.'

'Maar nu niet meer,' zei de egel. 'Hoe kan dat nou?'

De haas draaide zich om.

'Wacht even. Ik ben zo terug.'

'Waar ga je heen?' riep de egel hem na.

Maar daar was de haas weer.

'Weg,' hijgde hij. 'Ze zijn weg.'

'Wie zijn weg?'

'Die bomen met die draadjes.'

De uil verbleekte. 'Ik wist het,' fluisterde hij. 'Na-righeid.' En hij vloog weg.

'Wat heeft hij ineens?' vroeg de egel.

'Om zijn huis zat ook een draadje,' legde de haas uit. 'Kom mee. Achter hem aan.'

Ze holden het bos door.

De uil stond handenwringend op een open plek.

'Hier!' riep hij. 'Hier stond mijn boom!'

'Ben ík blij, dat ik die draadjes bij mijn huis heb los-gepeuterd,' zei de egel.

'Maar dit is verschrikkelijk,' zei de haas. 'We gaan meteen naar de boze heks. Als zíj dit gedaan heeft...'

'Mijn boom,' fluisterde de uil. 'Mijn boom.'
'Ga je mee naar de heks?'
'Nee, ik blijf hier. Misschien komt hij nog terug.'
De uil ging zitten en staarde naar de plek waar zijn boom had gestaan.
De haas klopte hem op zijn rug.
'Misschien valt het mee. Misschien kan de heks helpen.'
'Mijn muntenverzameling,' fluisterde de uil. 'Mijn boeken, mijn stoel, mijn bad...'
De haas en de egel liepen naar de heksenhut. Toen ze daar aankwamen, kwam de heks net naar buiten.
'Heks!' riep de haas. 'Er is iets vreemds in het bos.'
'O ja?' De heks frommelde iets in haar schortzak en wilde doorlopen.
'Wacht nou even. Er zijn bomen verdwenen.'
'O ja?'
'En om al die bomen zat een draad.'
'O ja?' grinnikte de heks. 'Ik ga meteen kijken, hihihi.'
'Er hangt een draadje aan je jurk,' wees de egel.

De heks frommelde het gauw in haar schortzak.

'O dat? Dat is van mijn breiwerk.' En ze slofte het bos in.

'Zij wist van niks,' zei de egel. 'Wat nu?'

De haas gaf geen antwoord. Hij duwde de deur van de heksenhut open en ging naar binnen.

'Wat ga je doen?'

'Even rondkijken. Aha!'

'Wat is er?' De egel liep ook naar binnen.

'Daar!' zei de haas en hij wees naar de tafel.

'Haar toverboek. Maar dat ligt daar wel vaker.'

'Ja. Maar zie je, wat ernaast ligt?'

'Een bolletje wol.'

'Witte wol. De heks heeft die draadjes om de bomen gebonden.'

'Of ze is sokken aan het breien. Dat zei ze toch?'

De haas pakte de knot.

'Het is precies dezelfde wol. En ze had ook draadjes bij zich. Ik ben bang, dat ze nog meer bomen gaat weg-toveren.'

Nadenkend liep hij naar de deur. Ineens draaide hij om en tilde het toverboek van de tafel.

'Dat nemen we mee. Help even dragen.'

Samen droegen ze het boek naar buiten.

'Ga je zelf die bomen terugtoveren?' vroeg de egel.

'Dat lukt nooit. Dat moet de heks doen. Maar dan moet ze wel een toverboek hebben.'

'Dat heeft ze toch?'

'Straks misschien niet meer, als we het binnen laten liggen.'

'Hoe bedoel je?'

'Ik leg het zo wel uit. Eerst dat boek weg.'

Ze legden het toverboek achter een struik.

'Zo zie je er niets van,' zei de egel. 'Maar wat...'

'Straks,' zei de haas. 'We moeten opschieten.'

Hij trok de egel mee naar de hut en gaf hem het uiteinde van het bolletje wol.

'Goed vasthouden.'

'Wat ga je nou doen?'

'Een draadje om haar hut binden,' zei de haas grimmig. 'En kijken, wat er dan gebeurt.'

Hij liep met het bolletje wol om de hut heen en bond de uiteinden aan elkaar.

'Dat gaat net. En nu maar hopen, dat ze onderweg tovert, en niet thuis.'

Uit de hut kwam een akelig gekraak.

De haas en de egel renden weg.

Toen ze omkeken, was de hut verdwenen.

'Zie je wel,' riep de haas. 'Ze heeft onderweg getoverd.'

'Weg...' zei de egel. 'Met draadje en al. Wat griezelig.'

Aarzelend liepen ze terug.

'Sjonge,' zei de haas. 'Of hier nooit iets gestaan heeft. Helemaal leeg.'

Hij ging op de grond zitten.

'En nu maar wachten, tot ze terugkomt.'

De egel kwam naast hem zitten.

Ze hoefden niet lang te wachten. Ze hoorden stemmen, en daar kwam de boze heks het bos uit. De uil liep met gebogen hoofd achter haar aan.

'Alles weg,' vertelde hij droevig. 'Mijn huis, mijn stoel, mijn boeken...'

'Jajaja,' zei de heks zenuwachtig. 'Vervelend, hoor.'

'Waar moet ik nu wonen?' klaagde de uil.

'Je kunt toch een andere boom nemen? Bomen genoeg.'

'Maar er is er niet één, zoals mijn boom,' zuchtte de uil. 'Mijn goeie, ouwe huis. Ik was er zo aan gehecht.'

De heks bleef staan. Met grote ogen staarde ze naar het lege landje voor haar. 'Mijn huis!' riep ze met overslaande stem. 'Waar is mijn huis gebleven?'

'Hee, het is weg,' zei de uil. 'Net als het mijne.'

De heks stoof op de haas en de egel af.

'Wat hebben jullie gedaan? Wat is er gebeurd?'

'Ik weet het niet,' zei de haas. 'We hoorden gekraak en toen we gingen kijken, was uw hut verdwenen.'

'Helemaal weg,' zei de egel. 'Niets meer van over.'

De heks ging bleek op de grond zitten.

'Mijn huis,' fluisterde ze. 'Mijn goeie, ouwe huis.'

De uil legde een vleugel om haar schouder.

'Kom maar. Ik weet, wat het is.'

'Hoe kan dat nou?' mompelde de heks.

De haas schraapte zijn keel.

'Als u die bomen terugtovert, dan komt uw huis misschien ook weer terug.'

De heks schudde haar hoofd. 'Nee. Om die bomen zat een draadje, en om mijn huis niet.'

De egel giechelde.

De heks keek hem argwanend aan. 'Hebben jullie...'

Ze werd nog bleker. 'Jullie hebben er toch geen draad omheen gedaan?'

'U tovert gewoon alles terug,' zei de haas. 'Dan ziet u het vanzelf. U kunt het toch proberen?'

'Ja,' zei de uil oplevend. 'Dan is mijn boom weer terug.'

De heks zuchtte diep.

'Ik zou het graag doen. Maar ik kan niets meer terug-toveren.'

'Waarom niet?'

'Mijn toverboek lag binnen en dat is nu ook weg.'

'U bedoelt...' vroeg de uil geschrokken, 'dat mijn huis nooit meer terugkomt?'

'Nooit meer,' zei de heks dof. 'En mijn huis ook niet.'

De uil sloeg zijn vleugels voor zijn ogen.

'Maar dat boek,' begon de egel, 'dat hebben we toch...'

De haas gaf hem een duw.

'Dat is waar ook. Toen de hut verdween, vloog er iets door de lucht. En dat leek wel een boek.'

De heks sprong op.

'Het is daar ergens neergekomen,' wees de haas. 'Ik ga wel even zoeken.'

Hij keek achter de struik.

'Ja. Hier ligt het. Dat is ook toevallig.'

'Heel toevallig,' zei de heks. 'Geef hier.'

Ze griste het boek uit de handen van de haas.

'Nou snap ik het,' zei de egel trots. 'Wij denken toch maar aan alles.'

De heks sloeg het toverboek open.

'Nu allemaal stil,' zei ze zenuwachtig. 'Anders lukt het niet.'

De dieren hielden hun adem in.

De uil plukte aan zijn veren.

De heks las met bevende stem een lange spreuk voor.

Toen liet ze het boek zakken en keek strak naar de plek, waar haar hut had gestaan.

'Er gebeurt niets,' zei de egel. 'Had je wel de goeie spreuk?'

'Stil,' snauwde de heks. 'Dat kan even duren. Dat is...'

Haar woorden verdwenen in een oorverdovend gekraak.

'Hoera!' juichten de haas en de egel. 'Het is gelukt!'

De uil vloog snel weg.

De heks holde naar voren en danste om haar hut heen.

'Mijn huis is terug,' zong ze. 'Mijn goeie, ouwe huis is terug. Mijn...'

Ze bleef staan.

'Een draad! Net wat ik dacht. Er zit een draad omheen!'

'Ja, nou zie ik het ook,' zei de haas. 'Hoe kan dat nou?'

'Wij weten van niks,' zei de egel. 'Hè haas?'

De heks zette haar handen in haar zij en haalde diep adem. Maar voor ze iets kon zeggen, duwde de haas haar naar de deur.

'Ga gauw binnen kijken, of daar ook iets veranderd is.'
De heks knipte met haar vingers en de draad was weg.
Ze liep de hut in.
'Oeioeioei! Dacht ik het niet!'
Ze holde weer naar buiten.
'Waar is mijn wol?'
De haas trok zijn wenkbrauwen op. 'Wol?'
'Was je sokken aan het breien?' vroeg de egel.
De heks stampvoette.
'Er lag een knot wol op tafel en die is weg. Dus jullie
hebben...'
'Die is natuurlijk weggetoverd,' zei de haas. 'Samen met
die draad. Was het soms dezelfde wol?'
'Grrr,' gromde de heks.
De uil kwam met grote slagen terugvliegen. Hij sprong
op de grond, pakte de heks vast en hoste met haar rond.
'Mijn boom is terug! En alles is er weer! Bij u ook?'
De heks keek naar de haas.
'Bijna alles.'

Een tekening voor de boze heks

De uil liep langzaam door het bos en mompelde:

'Waar is de wind gebleven
waar is de regen heen...'

Hij werd onderbroken door luid gezang.

'Zolang een egel stekels heeft
heeft hij niets te vrezen!'

De egel kwam aanmarcheren. In zijn hand had hij een
rol papier met een lintje eromheen.
'Ha die uil!'
Hij tikte met de rol op de schouder van de uil.
De uil wees. 'Wat is dat?'
'Een tekening,' zei de egel trots. 'Voor de boze heks.'
'Voor de heks?'

'Ja. Ik heb een hele mooie tekening gemaakt en die ga ik haar nu brengen.'

De uil plukte aan zijn veren. 'Zou je dat wel doen?'

'Ik wou hem eigenlijk eerst zelf houden. Maar als ik hem aan haar geef, tovert ze vast iets lekkers voor me. Ga je mee?'

'Nou nee,' zei de uil vlug. 'Ik ben een gedicht aan het maken. Het gaat zo:

> *Waar is de wind gebleven*
> *waar is…'*

Hij hield op. 'Waar is de egel heen?'

De egel huppelde naar de heksenhut. Hij klopte hard op de deur.

'Wie is daar?'

'Ik!'

De egel ging naar binnen.

De boze heks zat te breien. Humeurig keek ze op.

'Wat kom je doen?'

'Ik heb iets voor je gemaakt,' zei de egel geheimzinnig. 'Iets heel moois.'

'O ja? Wat dan?'

'Een tekening! Hier. Voor jou.'

De heks trok het lintje los en rolde de tekening uit.

De egel sprong op en neer naast haar stoel.

'Nou? Wat vind je ervan?'

De heks keek fronsend naar de tekening.

'Wat moet dat voorstellen?'

'Dat zie je toch wel? Dat ben jij!'

'Ben ik dat?'

De heks hield de tekening dichter bij haar ogen.

'Ja. Je zit op je bezem en je tovert bloemen en snoep.'

'O. Jaja.'

De heks gooide de tekening op tafel en breide verder.

De egel bleef naast haar stoel staan.

'Wat is er nu nog?'

'Niets,' zei de egel. Hij draaide zich om en liep langzaam naar buiten. Met gebogen hoofd sjokte hij het bos
in.

Toen hij een zijpad insloeg, hoorde hij:

> *'Waar is de wind gebleven*
> *waar is de regen heen…'*

De uil zat naast de haas op de omgevallen boom.
De haas gaapte en trommelde op de stam. Hij sprong op, toen hij de egel zag.
'Ha die egel. Kom erbij.'
De egel ging met gebogen hoofd op het uiteinde van de stam zitten.
'Ben je nu al terug?' vroeg de uil. 'Vond de heks je tekening mooi?'
De egel snufte.
'Nee. Ik had hem beter zelf kunnen houden.'
'Wat voor tekening?' vroeg de haas.
'Een tekening van de heks. De mooiste tekening, die ik ooit heb gemaakt. En ze zag niet eens, wat het voorstelde.'
De haas klopte de egel op zijn rug.
'Trek het je niet aan. De heks heeft nou eenmaal geen verstand van tekeningen.'
'Ze heeft nergens verstand van,' pruttelde de egel.
'Van toveren wel,' zei de uil met een zucht.
Een suizend geluid kwam snel dichterbij.
De haas keek op. 'Daar heb je haar!'
De uil liet zich op de grond glijden en kroop weg achter de boomstam.

'Wat doe jij nou?' vroeg de haas.

'Dat is tegen de wind,' legde de uil uit en hij dook nog dieper weg.

Daar kwam de heks aanvliegen.

'Joehoe! Egeltje! Kijk eens!'

'Ik kijk niet,' zei de egel. 'Ik wil haar niet meer zien.'

'Oooh!' riep de haas.

De uil kwam overeind. 'Oooh!'

'Wat is er?' vroeg de egel. Hij keek omhoog.

De boze heks vloog rondjes op haar bezem, in een wolk van bloemen en snoep. Ze zwaaide met de opgerolde tekening.

'Zo, ja!' riep de egel. 'Zo heb ik je getekend!'

Langzaam vloog de heks naar beneden. Ze landde op het pad en grinnikte naar de egel.

'Zag je wat dat was?'

De egel danste heen en weer en graaide snoep van de grond.

'Dat was mijn tekening! Je vond hem wél mooi!'

'Heel mooi,' zei de heks. 'Heel bijzonder.'

'Waarom zei je dat dan niet, daarnet?'

'Ik hield hem ondersteboven,' grinnikte de heks. 'Maar dat zag ik pas, toen je weg was.'

'Hang je hem op?'

'Boven mijn bed,' beloofde de heks.

De egel zuchtte diep.

'Mogen wij hem ook eens zien?' vroeg de haas.

De heks rolde de tekening uit. 'Kijk. Goed, hè?'

De haas en de uil staarden lang naar de tekening.
'Dus dat bent u?' vroeg de uil ten slotte.
'Ja. Dat zie je toch. Op mijn bezem.'
'O, is dat de bezem...' zei de haas.
De egel klopte de heks op haar rug.
'Trek het je niet aan. Ze hebben nu eenmaal geen ver-stand van tekeningen.'
'Wacht even,' zei de haas. 'Zo wel!'
En hij draaide de tekening om.

Hoedje van papier

De haas zat voor zijn huis met een schetsboek op zijn
knieën. Hij tekende een blauwe kan, die op een krukje
stond.
'Scheef,' mompelde hij.
Hij scheurde het blad uit het schetsboek en begon op-
nieuw.
'Weer scheef.'
Hij begon nog eens.

'Hoi haas!'

Daar was de egel.

'Hoi,' bromde de haas.

De egel zette de kan op de grond en ging op het krukje zitten.

'Hee!' riep de haas. 'Mijn tekening!'

De egel sprong op en keek naar de kruk.

'Ik zit niet op je tekening.'

'Je zit ín mijn tekening. Ik teken die kan.'

De egel kwam kijken. 'Hij is scheef.'

'Weet ik,' zuchtte de haas. 'Het lukt niet, vandaag.'

En hij trok het blad los.

'Dit is geen dag om te tekenen,' zei de egel. 'Dit is een
dag om andere dingen te doen.'

'Wat dan?'

'Andere dingen. Verzin eens iets.'

De haas vouwde nadenkend de tekening dubbel.

'Ik weet al iets,' zei de egel. 'Kun je vliegtuigjes
vouwen?'

De haas vouwde twee vliegtuigjes.

'En nu gaan we vliegen,' zei de egel. 'Hij doet het! Maar
niet zo ver...'

'Wel ver,' zei de haas. Zijn vliegtuigje verdween tussen
de bomen.

De egel probeerde het nog eens.

'Dit is ook geen dag voor vliegtuigjes,' zuchtte hij. 'Kun
je nog meer vouwen?'

De haas raapte de laatste tekening op.

'Eén twee drie vier, hoedje van papier. Hier.'
De egel zette het hoedje op.
'Ik was de boze heks! Oeioeioei!'
'Stil,' zei de haas. 'Niet zo hard.'
De egel hoorde hem niet.
'Ik ga jou betoveren! Ik verander je in een... in een...'
'Niet zo schreeuwen. Als de heks je hoort...'
De egel pakte een tak van de grond en roerde ermee in de kan.
'Dit was mijn toverdrank. Een hele gevaarlijke tover-drank.'
'Hou nou op,' zei de haas en hij zette de kan opzij.
'Hee! Blijf van mijn toverdrank af!'
Zwaaiend met de tak kwam de egel op de haas af.
'Ik verander je in een... in een...'
'Oeioeioei!'
'Niet zo hard!'
'Dat was ik niet,' zei de egel bleek. Hij keek om.
Naast het huis van de haas stond de boze heks. Ze zette haar handen in haar zij.
'Wat moet dit voorstellen? Wat ben jij aan het doen?'
De egel keek naar de haas.
'Een spelletje,' zei de haas. 'We hebben vliegtuigjes gevouwen.'
'En een hoedje,' zei de egel. 'En dat was een heksen-hoed.'
De heks wees naar hem.
'Akelig egelbeest! Je aapt me na! Je lacht me uit!'

'Neeneenee,' suste de haas. 'Dat doet hij niet. Echt niet.'
'Dat doet hij wel. Je hoort hem door het hele bos, met zijn geschreeuw.'
'Ik speelde, dat ik een heks was,' zei de egel. 'Dat mag toch wel?'
De heks stampvoette.
'Dat doe je, om me belachelijk te maken.'
'Neeneenee,' zei de haas ernstig. 'Uit bewondering.'
'Bewondering?' vroegen de heks en de egel tegelijk.
'Ja. Voor dat toveren van u. Dat vinden we altijd zo knap.'
De heks bloosde.
'Vooral als het lukt,' giechelde de egel.
De heks deed een stap naar voren.
'Wat zeg je daar?'
'Niets,' zei de egel gauw.
De heks kwam dreigend op hem af.
'Jij altijd! Ik zal je...'
'Niet doen!' riep de egel. Hij zwaaide met zijn tak. 'Blijf staan, of ik verander je in een... in een... een koekoeks-klok!'
De heks bleef staan en sloeg op haar knie.
'Hihahoe! Moet je dat horen. Hihahoe!'
Ze hield op met lachen.
'Een koekoeksklok,' zei ze nadenkend. 'Hoe tover je een koekoeksklok?'
Ze ging op het krukje zitten.
'Je zit in een tekening,' zei de egel.

De heks schrok op. 'Tekening? Waar dan?'
'Hier!' De egel raapte zijn vliegtuigje op en gooide het
naar de heks. Het viel bovenop haar hoed.

'Hou je rommel bij je,' mopperde de heks.
Meteen steeg het vliegtuigje weer op. Het draaide een
paar maal rond en vloog toen op de egel af.
De egel sprong achteruit.
Het vliegtuigje vloog rondjes om zijn hoofd.
Met grote ogen draaide de egel mee.
'Ik word duizelig. Hou op!'

Het vliegtuigje schoot omhoog, tot boven het huis van de haas. Het duikelde en draaide, het vloog ondersteboven.

Toen dook het naar beneden en landde voor de voeten van de heks.

'Sjonge,' zei de haas. 'Dit is wél een dag voor vliegtuigjes.'

'Ja!' riep de egel. 'Zagen jullie dat? Zagen jullie, hoe ik dat deed?'

De heks grinnikte. 'En nou die tekening.'

De haas vouwde het vliegtuigje open.

'Dit ís de tekening. Kijk.'

'Wat mooi,' zei de heks. 'Dat is die kan daar. Dat zie ik meteen.'

'Hij is scheef,' zei de egel.

'Dat komt door die kruk. Die staat scheef.'

'Zou dat het zijn?' riep de haas.

De heks stond op en zette de kan op de kruk.

'Zie je wel? Scheef.'

'Dat ik dat daarnet niet gezien heb,' zei de haas. Hij verschoof de kruk een eindje. 'Zo staat hij beter, denk ik.'

'Je moet er iets in doen,' zei de egel. 'Dan zie je meteen of hij recht of scheef staat.'

'Dat is een goed idee. Ik doe er water in.'

'Geen water!' De egel zwaaide met zijn tak boven de kan.

'Hokus pokus pap, ik tover je vol appelsap!'

De heks snoof.

'Moet je dat nou zien. Prutser! Na-aper! Zo gaat dat niet.'

'Hoe gaat het dan wel?' vroeg de haas. 'Doet u het eens voor.'

De heks wees naar de kan en mompelde een korte spreuk.

'Zo doe je dat.'

'Ja!' juichte de egel. 'Vol appelsap.'

'Kijk, dat vinden wij nou zo knap,' zei de haas. 'Ik haal even glazen.'

De boze heks maakt een gedicht

Met zijn ogen dicht zat de uil op een tak te mompelen.
Hij mompelde heel lang.
Toen deed hij zijn ogen open, schraapte zijn keel en zei:

'Ach, de lente gaat voorbij
het is alweer eind mei.'

Achter de boom knapte een takje.
De uil keek naar beneden, maar hij zag niets.
Hij dacht even na en vervolgde:

'Ach, de herfst komt er weer aan
als de zomer is vergaan.'

Nu hoorde de uil een diepe zucht.
Hij verstijfde. 'Is daar iemand?'
'Nee,' hoorde hij fluisteren.
'O, gelukkig,' zei de uil. 'Ik was even bang, dat er iemand achter de boom st...'
Hij fladderde naar beneden.
'Wie, wie is daar?'

Achter de stam stond de boze heks, met een zakdoek in haar hand.

'Bent u het? Ik ging net naar huis, ik...'

'Blijf nou even,' zei de heks. 'Ik luister naar je gedicht. Mooi, hoor. Heel mooi.'

'Dank u,' zei de uil verlegen.

'Gaat het nog verder?'

'Jazeker.' De uil deed een stapje naar voren.

'Ach...'

Er ritselde iets en de egel kwam achter een struik vandaan.

'Doen jullie verstoppertje?'

'Nee,' zei de uil. 'Ik laat mijn gedicht horen.'

De egel trok een vies gezicht.

'Waar kom jij ineens vandaan?' vroeg de heks.

'Uit die struik. Ik zag jou, en toen ben ik maar even weggekropen.'

'Maar we doen geen verstoppertje,' zei de uil. 'Dat zeg ik toch.'

De heks tikte hem op zijn schouder.

'Je zou je gedicht laten horen.'

'O ja,' zei de uil blij. 'Ik begin even opnieuw, voor de egel.'

'Hoeft niet,' zei de egel.

'Sst!' zei de heks.

'Ach, de lente gaat voorbij
het is alweer eind mei.
Ach, de herfst komt er weer aan
als de zomer is vergaan.
Ach, de winter duurt zo lang
en maakt alle dieren bang.'

De uil deed een stapje terug en keek afwachtend naar de anderen. De heks bette haar ogen.

'Ik ben nooit bang,' zei de egel. 'Ook 's winters niet.'

De uil zuchtte. 'Dat is voor het rijm.'

'Het is prachtig,' zei de heks schor. 'Hoe doe je dat toch?'

'Dat zal ik u uitleggen,' zei de uil gewichtig. 'Je begint met een begin. Dan rijm je er iets bij en dan verzin je het eind.'

'O, gaat dat zo. Ik wou, dat ik dat ook kon.'

'U moet het gewoon eens proberen. Ik help u wel. Waar wilt u een gedicht over maken?'

'Over...' De heks keek om zich heen. 'Over...'

'Over mij!' riep de egel.

'Over jou? Wat denk je wel!'

'Dan niet,' zei de egel beledigd. 'Dan maak ik een gedicht over jou. Ik weet er al één:

Onze heks
doet altijd iets geks.'

'Ik doe nooit gek!' riep de heks verontwaardigd. 'Hoe durf je!'

'Dat was voor het rijm,' zei de egel gauw.

De heks keek hem donker aan.

'Wat denkt u van een gedicht over een toverdrank?' vroeg de uil.

'Dat is een goed idee. Toverdrank... Wat rijmt er op toverdrank?'

'Stank,' giechelde de egel.

'En nou heb ik er genoeg van,' snauwde de heks. 'Jij altijd. Ik verander je in een boskrekel, dan kan ik tenminste rustig rijmen.' Dreigend kwam ze op de egel af.

'Plank,' zei de uil zenuwachtig. 'Bank. Hartelijk Dank en Klokjesklank.'

De heks stond stil en keek hem bewonderend aan.

'Wat goed. Komt dat zomaar in je op?'

'Zomaar,' knikte de uil. 'Zomaar vanzelf.'

'Ik weet een gedicht,' zei de heks blij. Ze haalde diep adem.

> *'Voor mijn toverdrank*
> *zeggen alle dieren: Beste heks, hartelijk dank.'*

Blozend keek ze naar de uil.

Die knikte nadenkend.

'Aardig. Werkelijk heel aardig. Alleen...'

'Alleen wat?'

'Het begin is een beetje kort en het eind is een beetje

lang,' legde de uil uit. 'Als u bijvoorbeeld zegt:

Voor mijn witte toverdrank,

dan...'
'Toverdranken zijn nooit wit,' zei de heks beledigd.
'Het is maar een voorbeeld. En die laatste zin...'
'Laat maar,' zei de heks. 'Ik weet al iets beters:

Mijn toverboek
is zoek.'

De egel sprong op. 'Echt waar?'
'Nee, natuurlijk niet. Dat is voor het rijm.'
'O,' zei de egel teleurgesteld.
De uil schudde zijn hoofd.
'Te kort. Vooral het eind. Wat denkt u hiervan:

Mijn toverboek
ligt in de hoek.'

'Het ligt op tafel,' zei de heks nijdig. 'Of in de kast.'
'Kijk,' zei de uil geduldig. 'Voor een gedicht moet je...'
'Mag ik nou eindelijk ook eens?' vroeg de egel. 'Ik weet
een hele goeie:

Met een grote vaart
tovert de heks appeltaart.'

De uil keek hem medelijdend aan. 'Noem je dat een gedicht? Dat lijkt nergens op.'

'Dat lijkt wel ergens op,' snauwde de heks. 'Hou nou toch eens op, met je gezeur.'

'Je kunt gewoon niet hebben, dat wij ook gedichten maken,' zei de egel.

'Maar het is niet goed, het is...'

'Het is wel goed.' De heks gaf de egel een duwtje. 'Zoek jij eens een paddestoel voor me.'

De egel holde weg en kwam terug met een grote paddestoel.

'Leg maar op de grond,' zei de heks. Ze mompelde iets.

'Ik ruik appel,' zei de egel. 'En kaneel.'

De uil wees naar de grond. 'Kijk nou!'

De paddestoel was verdwenen. En voor de voeten van de heks stond een grote appeltaart.

'Oooh...' riep de egel. 'Tover hem even in punten.'

De heks grinnikte. 'Zie je nou, dat het wel een goed gedicht was?'

De uil nam een hap. 'Mmm. Ja. Een heel goed gedicht zelfs.'

'Ik maak straks nog een gedicht,' zei de egel met volle mond. 'Ik heb nu de smaak te pakken.'

De sneeuwheks

Het was heel stil, toen de haas wakker werd.

Hij schoof de gordijnen open.

'Het heeft gesneeuwd!'

De haas ging naar buiten en rende een paar maal om zijn huis heen.

'Goeie sneeuw,' zei hij tevreden.

Hij liep het bos in.

De eerste die hij tegenkwam, was de boze heks.

Met een kwaad gezicht was ze aan het sneeuwruimen.

'Goeiemorgen!' riep de haas. 'Wat een sneeuw, hè?'

'Ja,' zei de heks kwaad. 'Een hele berg, vlak voor mijn deur.'

'Zal ik even helpen?'

'Nu het bijna weg is zeker. Nu hoeft het niet meer.'

'Dan niet,' zei de haas en hij liep door.

Verderop hoorde hij geschreeuw en gelach.

Op de open plek waren de egel en de merel sneeuw-ballen aan het gooien.

De haas pakte een handvol sneeuw. 'Egel!'

De egel keek om.

Baf! Een sneeuwbal spatte tegen hem aan.

De egel gooide er een terug. 'Die is voor jou!'

'En deze ook,' riep de merel.

De sneeuwballen suisden over de open plek.

'Au!' riep de egel ineens. 'Wie heeft dat gedaan? Wie was dat?'

Hij veegde sneeuw uit zijn gezicht.

'Ik niet,' zei de haas. 'Ik gooide naar de merel.'

'Ik gooide wel naar jou,' zei de merel. 'Maar ik miste.'

'Je raakte,' zei de egel boos. 'Recht in mijn gezicht.'

Zo hard hij kon, slingerde hij een sneeuwbal naar de merel. De merel sprong opzij.

Maar de sneeuwbal maakte een bocht en vloog weer terug, recht in het gezicht van de egel.

'Nou doe je het weer!' stampvoette de egel.

'Maar ik gooide niet eens,' zei de merel verbaasd. 'Dat deed je zelf.'

'Doe het nog eens,' vroeg de haas.

De egel gooide nog eens. Zijn sneeuwbal vloog naar voren, draaide om en kwam weer terug.

'Weer in mijn gezicht!'

'Hoe kan dat nou?' zei de merel. Hij gooide naar de egel. 'Bij ons is dat niet.'

'Au!' riep de egel.

'Nee, bij ons niet,' zei de haas. Hij kneedde een sneeuwbal en keek strak naar een dikke boom.

'Zou het door de wind komen?' vroeg de merel. 'Kom eens hier staan.'

De egel kwam naast de merel staan en gooide zo hard hij kon.

'Daar is hij weer!'

Net op tijd bukte hij. De sneeuwbal vloog rakelings over zijn hoofd.

'Het ligt niet aan de wind,' zei de haas. 'Het ligt aan...'

Hij deed een stap naar voren en gooide naar de boom.

'Oeioeioei! Hoe durf je! Recht in mijn gezicht!'

De boze heks kwam met een rood hoofd achter de boom vandaan.

'Stond ú daar?' vroeg de haas. 'Ik mikte op die boom.'

'Je wist, dat ik daar stond! Ik keek heel even langs de stam en toen gooide je.'

'Ik wilde alleen maar proberen, of mijn sneeuwbal ook terugkwam.'

'Dat is alleen bij mij,' zei de egel. Hij liep op de heks af. 'En dat is jouw schuld. Jij bent met sneeuwballen aan het toveren.'

De heks grinnikte.

'Niet lachen! Waarom alleen bij mij? En waarom steeds in mijn gezicht?'

De heks zette haar handen in haar zij. 'Weet je dat echt niet?'

'Nee.'

'Jij hebt een berg sneeuw voor mijn deur gelegd!'

'Niet waar.'

'Wel waar.'

'Niet!'

'Wel! Ik zag je weglopen, toen ik de deur opendeed.'

'O dat? Dat was geen berg sneeuw,' riep de egel verontwaardigd. 'Dat was een sneeuwpop! Heb jij die kapotgemaakt?'

'Sneeuwpop!' snoof de heks. 'Een berg kledder, zul je bedoelen.'

'Omdat jij de deur opendeed. Toen duwde je hem omver.'

'Wie maakt er nou een sneeuwpop vlak voor mijn deur?'

De egel zuchtte. 'Dat was niet de bedoeling. Maar als je een sneeuwpop maakt, moet je eerst een grote bal rollen...'

'Kijk, zo,' zei de haas.

'En die rolde ik langs jouw deur, want daar lag mooi veel sneeuw. Maar toen zag ik de merel, en toen gingen we sneeuwballen gooien.'

'O,' zei de heks.

Ze keek naar de haas, die ijverig aan het rollen was.

'Help even mee,' pufte de haas.

Met zijn allen maakten ze een sneeuwpop. De haas zette het hoofd erop.

'Nu moet hij nog ogen hebben.'

'En een hoed,' zei de egel. Hij sprong omhoog, naar de hoed van de heks.

'Blijf af!' Met twee handen hield de heks haar hoed vast.

'Maar ik wil een sneeuwheks maken.'

'Een sneeuwheks! Ben je nou helemaal! Ik...'

'Laten we maar een sneeuwhaas maken,' zei de haas vlug.

'Of een sneeuwmerel,' zei de merel.

'Nee, we maken een sneeuwegel!' riep de egel. 'Met sneeuwstekels.'

'Een sneeuwheks, dus,' zei de heks.

Ze klapte in haar handen en de sneeuwpop was ineens een sneeuwheks.

'Wat mooi,' zei de haas. 'U bent het precies.'

'Maak je nou ook een sneeuwegel?' vroeg de egel vleiend.

'En een sneeuwmerel?' vroeg de merel.

De heks liep tevreden om de pop heen.

'Een sneeuwheks is wel genoeg.'

'Pas maar op, dat je niet smelt,' zei de egel.

'Ze begint al te smelten,' wees de merel. 'Kijk maar.'

De sneeuwhoed zakte langzaam naar de schouders.

'Hoe kan dat nou?' mompelde de heks.

'Je hebt gewoon niet stevig getoverd,' giechelde de egel.
'Daar ga je.'
De sneeuwheks zakte langzaam in elkaar.
'Dat komt door de zon,' zei de haas. 'Denk ik.'
'Ze kan niet goed toveren,' zei de egel. 'Denk ik.'
De heks blies in haar handen.
'Ik kan niet goed toveren met koude vingers. Daar komt
het door.'

74

'Ik heb ook koude vingers,' zei de haas. 'Komen jullie bij mij anijsmelk drinken, om warm te worden?'

'Anijsmelk!' zei de merel. 'Lekker.'

'Ja,' riep de egel. 'Dat heb ik nodig, na al die sneeuw in mijn gezicht.'

De heks knikte. 'Anders ik wel, na dat sneeuwruimen.'

De haas ging de anderen voor naar zijn huis.

'Ga zitten.'

Hij zette bekers op tafel.

'Nu is er één moeilijkheid,' zei hij nadenkend.

De anderen keken hem vragend aan.

'Ik bedenk me opeens iets. Ik heb geen anijsmelk.'

De heks sloeg op de tafel. 'Hihahoe! Wat een domme haas ben jij.'

De haas wachtte, tot ze uitgelachen was.

'Kunt u misschien helpen?'

'Ja. Tover het even,' zei de egel. 'Dat kan je best.'

'Nou goed dan,' zei de heks. 'Omdat ik het zo koud heb.'

Ze wreef in haar handen en wees naar de bekers.

'Ja!' juichte de egel. 'Gloeiend hete anijsmelk!'

De haas blies in zijn beker en proefde. 'Mmmm.'

De merel smakte. 'Lekker.'

'Heel erg lekker,' zei de egel. 'Wat een geluk, dat anijsmelk niet kan smelten.'

Stankdrank

De haas en de uil en de egel zaten in de zon.

'Wat een heerlijk weer,' zei de uil dromerig. 'Eindelijk lente.'

De haas snoof.

'Bloemen,' zei de uil voor zich uit. 'En bijen die zoemen.'

De haas snoof nog eens.

'Ben je verkouden?' vroeg de egel.

'Nee. Maar ik ruik iets.'

'Bloemen,' zei de uil.

De egel snoof ook.

'Bah. Dat zijn geen bloemen.'

'Nu ruik ik het ook,' zei de uil. 'Wat kan dat zijn?'

De haas stond op. 'De boze heks is weer een drankje aan het brouwen. Laten we maar even gaan kijken.'

'Moet dat nou,' mopperde de egel. 'Ik zit net zo lekker in de zon.'

'Met die stank zit je toch niet lekker meer. Kom mee.'

De egel stond zuchtend op en liep met de anderen mee naar het hutje van de boze heks.

'Kijk daar eens!' riep de haas en hij wees naar de schoorsteen.

'Oranje rook,' zei de egel. 'Wat mooi.'

De uil huiverde. 'Wat hangt ons nu weer boven het hoofd...'

De haas ging op zijn tenen staan en keek door de gebarsten ruit naar binnen.

'Dacht ik het niet. Het ís een toverdrank. Ze staat in haar ketel te roeren en ze kijkt steeds in haar toverboek.'

'We kunnen beter weggaan,' zei de uil zenuwachtig.

'Ik wil eerst weten, wat ze aan het maken is. Dat stinkspul kan elk moment klaar zijn, en dan is het te laat.'

'Maar we kunnen toch niet zomaar naar binnen lopen? Dan jaagt ze ons meteen weg.'

De haas keek nadenkend naar een oude emmer, naast de hut.

'Ik weet al iets.'

Hij pakte de emmer en schepte hem vol in de regenton.

'We gaan gewoon naar binnen en we vragen, of er brand is. Vanwege die oranje rook.'

'En dan gooien we alles nat,' giechelde de egel.

'Niet alles,' zei de haas. 'Alleen die toverdrank.'

Hij duwde de deur open.

'Brand! Brand!' schreeuwde de egel.

De heks liet haar pollepel vallen en keek geschrokken om.

De haas rende naar binnen.

'Waar is de brand?' vroeg hij en hij keerde de emmer om boven de pan.

'Niet doen!' riep de heks met overslaande stem.

De uil trok aan haar arm. 'Gauw naar buiten. Wij blussen wel.'

De heks rukte zich los. 'Er valt hier niets te blussen.'

'Maar we zagen oranje rook,' zei de egel, 'en we dachten...'

'Er is geen brand!'

'Nee, nou u het zegt,' zei de uil. 'Zelfs geen rook, hier binnen.'

'Maar wel stank,' zei de egel met een vies gezicht.

De haas keek in de pan. 'Heb ik uw drankje bedorven, met dat water?'

'Nee,' zei de heks. 'Het moet nu alleen langer koken.'

'Gelukkig,' zei de haas teleurgesteld. 'Wat bent u aan het maken?'

'Dat gaat je niets aan.'

'Een drankje voor uzelf, zeker. U ziet zo bleek.'

'Noem je dat bleek?' vroeg de egel.

De haas gaf hem een stomp en keek strak naar de uil.

'Bleek, ja,' zei de uil. 'Witjes. Dat viel me meteen op.'

En hij keek strak naar de egel.

'Nou zie ik het ook,' zei de egel. 'Spierwit. Ben je ziek?'

De heks keek in een gebarsten spiegel.

'Welnee. Ik mankeer niks.'

'En die kringen onder uw ogen,' zei de haas. 'Slecht geslapen?'

De heks dacht na.

'Nee... Wel een paar keer wakker geweest, maar...'

'Uw stem klinkt zwak,' zei de uil.

'Beetje hees,' zei de egel.

'Echt waar?' vroeg de heks ongerust.

De haas knikte ernstig.

De heks slikte. Toen snauwde ze: 'Onzin. Ik mankeer niks.'

Ze raapte de pollepel op en wilde verder roeren.

'Wat trillen uw handen,' wees de haas. 'Zien jullie dat?'

De heks keek naar haar handen.

'Ze trillen,' zei ze hees.

'Dat komt door die stank,' zei de egel.

'Ja,' zei de haas. 'U moet naar buiten. De frisse lucht in.'

Hij trok de heks mee.

'Ik ben duizelig,' fluisterde de heks.

'Ik houd u vast,' zei de haas. 'Leun maar op mij.'

De uil droeg een stoel naar buiten.

'Ga maar lekker zitten.'

'En hier is een glaasje water,' zei de egel.

De heks pakte met trillende handen het glas aan en nam een slokje. De uil stopte een kussentje achter haar rug. De haas legde een omslagdoek om haar schouders.

'U moest dat spul maar niet meer maken. U wordt er ziek van.'

'Ja,' zei de heks beverig. 'Wat voel ik me akelig.'

Ze sloot haar ogen.

Achter haar rug kwamen de uil en de egel met de pan naar buiten. Op hun tenen liepen ze naar de achterkant van de hut.

De uil kwam weer terug en klopte de heks op haar schouder.

'Gaat het weer een beetje?'

'Nee,' zei de heks klagend.

'Diep ademhalen,' zei de haas. 'Dat helpt.'

'U krijgt alweer wat kleur,' zei de uil.

'Ja, u ziet er beter uit,' zei de haas. 'Veel beter.'

De heks ging rechtop zitten en keek naar haar handen.

'Ze trillen niet meer,' zei de uil. 'Bent u nog duizelig?'

'Nee... Dat is over.'

'U bent weer beter!' riep de haas. 'Ziet u nou wel? Frisse lucht helpt meteen.'

'Ja,' zei de heks opgelucht. 'Het is helemaal over. Nu kan ik weer verder met mijn werk.'

'Zou u dat nou wel doen? Dan wordt u weer ziek.'

'Welnee. Ik zet gewoon een raam open.'

De uil schuifelde met zijn voet.

'Wou u verder met die stankdrank? Dat kan niet.'

'Waarom niet?'

'Die hebben we weggegooid.'

De heks sprong op. 'Weggegooid?'

'Ja,' knikte de uil. 'Omdat u er ziek van wordt.'

'Stomme beesten!' krijste de heks. 'En mijn ruiten dan? En mijn spiegel?'

De haas en de uil keken elkaar aan.

'Ruiten?'

'Spiegel?'

'Ja! Dat was glaswater!'

'Glaswater?' vroeg de uil bang. 'Word je doorzichtig als je dat drinkt?'

'Welnee. Glaswater drink je niet. Daar zeem je gebarsten ramen mee. Dan zijn ze weer heel.'

De uil plukte aan zijn veren.

De haas kuchte. 'Wij dachten, dat het een toverdrank was en...'

'En daarom deden jullie net of ik ziek was. Nou snap ik het. Maar daar zullen jullie spijt van krijgen. Ik verander jullie in vuurvliegjes! Ik tover jullie het ven in! Ik...'

De egel kwam achter de hut vandaan.

'Kan iemand even helpen?' vroeg hij klagend. 'Die pan is te zwaar voor mij alleen.'

De haas rende naar de achterkant van de hut en de uil fladderde mee. Samen kwamen ze terug met de pan.

'Uw glaswater,' zei de haas met een buiging.
'We helpen wel even met zemen,' zei de uil. 'We zijn er nu toch.'
'Hee,' zei de egel. 'Dat spul moet toch weg?'
'Het is helemaal geen toverdrank,' legde de uil uit. 'Het is iets voor de ruiten.'
'Dus ik had gewoon in de zon kunnen blijven zitten?'
'Hier is ook zon,' zei de haas en hij duwde de egel in de stoel. De egel stopte het kussentje in zijn rug.
'Heksje,' gaapte hij. 'Tover je iets te drinken voor me?'
'Eerst ramen zemen,' snerpte de heks.
'Ik slaap,' zei de egel. 'Hoor maar.'
En hij begon te snurken.

De egel plukt bloemen

De haas zette bloemen in een vaas. Witte en gele en blauwe bloemen.

De deur stond wijd open. Buiten kwetterden de vogels. In de verte was ook nog een ander geluid, dat snel dichterbij kwam.

'Oeioeioei!'

De haas keek naar buiten.

Daar kwam de egel aanhollen. Hij schoot het huis binnen.

'Mag ik me hier verbergen?'

'Kom maar binnen.'

De haas deed de deur achter hem dicht.

'Oeioeioei!'

Het gekrijs was nu vlakbij. De egel kroop onder de tafel.

'Oeioeioei!' Nu klonk het verder weg.

'Kom maar weer boven,' zei de haas. 'Ze is al voorbij.'

De egel kwam onder de tafel vandaan.

'Oef! Ze had me bijna te pakken.'

'Waarom is ze kwaad op je?'

'Weet ik niet. Ze werd zomaar ineens kwaad.'

'Zomaar ineens?'

'Ja. En ik had nog wel een liedje voor haar gezongen.'

'Wat voor liedje?'

De egel kuchte en schuifelde met zijn voet.

'O, zomaar een liedje.'

'Laat eens horen.'

De egel kuchte weer en zong:

> *'De heks die maakte een toverdrank*
> *toen viel ze zelf om van de stank.*
> *De heks vloog op haar bezem rond*
> *toen viel ze patsboem op de grond.*
> *De heks...'*

'Maar dat is een plaagliedje,' zei de haas.

'Ja. Maar zíj schold me uit.'

'Was dat voor of na het liedje?'

De egel dacht na. 'Na het liedje.'

'Zie je wel,' zei de haas streng. 'Jij begon. Je moet de

heks niet plagen, daar kan ze nu eenmaal niet tegen.'
De egel keek naar de grond.
'Je moet het weer goedmaken. Ruzie in het bos, dat kunnen we niet gebruiken. Want dan gaat ze óns plagen.'
'Goed,' zuchtte de egel. 'Ik zal het goedmaken. Maar hoe?'
De haas keek naar de vaas.
'Pluk een bosje bloemen voor haar en zeg, dat je het niet zo bedoelde.'
'Mag ik jouw bloemen meenemen?'
'Nee. Jíj moet het goedmaken, dan moet je ook zelf bloemen plukken.'
De haas hield de deur open. 'Ga maar gauw.'

De boze heks bladerde in haar toverboek.
'Hij is me ontsnapt,' mompelde ze. 'Maar ik krijg hem wel. Ik zal hem leren, met zijn liedjes.'
Ze sloeg een bladzij om en begon te grinniken.
'Hier. Snurksiroop. Dan valt hij zelf om, hihihi. Wat moet daarin?'
Ze pakte een potlood en maakte een lijstje.
'Sluimergras, soezelmos, slaapklokjes... Slaapklokjes?'
Ze kauwde op haar potlood.
'Daar zijn er niet veel van...'
Er werd geklopt.
De heks sloeg gauw het toverboek dicht.
'Wie is daar?'

De deur ging open en de egel kwam binnen. Hij hield
één hand achter zijn rug.
De heks sprong op.
'Ben je daar weer? Hoe durf je je hier nog te vertonen!
Ik verander je in een dennenappel, een lichtblauw lieve-
heersbeestje, een...'
'Wacht nou even,' zei de egel. 'Ik heb iets voor je.'
De heks bleef staan. 'Wat zeg je?'
'Ik heb iets voor je. Om het goed te maken.'
'Wat dan?'

'Bloemen,' zei de egel trots. 'Hele mooie bloemen.'
Hij haalde een bos blauwe klokjes achter zijn rug van-
daan. De heks verbleekte. 'Maar dat... dat...'
'Ik wist wel, dat je blij zou zijn,' glunderde de egel.
'Dat... dat...'

Dreunend sloeg de heks met haar vuist op tafel. 'Au!'
'Wat is er?'
'Stomme stekelbig!' schreeuwde de heks. 'Dat zijn slaap-
klokjes!'
'O. Ik zal het onthouden. Mooi, hè?'
'Slaapklokjes! En daar zijn er al zo weinig van.'
De heks griste de bloemen weg en sloeg ermee naar de
egel.
'Niet doen!' riep de egel. 'Dat kan pijn doen.'
Hij holde naar buiten.
De heks kwam achter hem aan en zwaaide en sloeg met
de bloemen.

'Ik krijg je wel! Oeioeioei!'

De egel holde het huis van de haas binnen.

'Hou haar tegen! Als je nog eens wat weet!'

En hij kroop weer onder de tafel.

'Wat is er nu weer?' vroeg de haas. 'De egel kwam het toch goedmaken?'

'Hij heeft slaapklokjes geplukt,' stampvoette de heks. 'En die heb ik nodig voor een toverdrank.'

'Dat kon ik toch niet weten?' riep de egel onder de tafel. 'Dit waren gewoon de mooiste bloemen.'

'Hij heeft speciaal voor u de mooiste bloemen geplukt,' zei de haas zacht.

'Slaapklokjes,' knarsetandde de heks.

'Dat kon hij niet weten. En u kunt ze toch ook voor uw toverdrank gebruiken?'

'Nee. Die drank moet ik nog maken. En tegen de tijd, dat die bloemen erbij moeten, zijn ze verlept.'

De haas klopte de heks op haar schouder.

'Dan zet u ze toch zolang in een vaas?'

'In een vaas?'

'Ja. Dan blijven ze wel een paar dagen goed.'

'Natuurlijk,' zei de egel en hij kroop onder de tafel uit. 'Je zet ze gewoon in een vaas.'

De heks keek naar de bloemen. Er was niet veel van over. Ze hield alleen nog wat geknakte stelen in haar hand.

Langzaam werd ze rood.

'Een vaas... Daar heb ik helemaal niet aan gedacht.'

'We plukken wel nieuwe voor u,' beloofde de haas.

'Maar niet van deze,' zei de egel. 'Want die zijn op.'

'Daar was ik al bang voor,' gromde de heks en ze zwiepte de stelen naar buiten.

'Wat voor toverdrank wilde u maken?' vroeg de haas.

'Snurksiroop. Als je dat drinkt, val je om en dan slaap je twee dagen achter elkaar.'

'Slaap je zo slecht?' vroeg de egel.

'U kunt ook warme melk met honing nemen,' zei de haas.

De heks keek naar de egel.

'Die siroop was niet voor mij.'

'Voor wie dan?' vroeg de egel.

'Voor jou.'

'Voor mij? Waarom? Ik slaap altijd goed.'

'Hoho!' riep de haas. 'De egel heeft het toch goed gemaakt?'

De heks sloeg een hand voor haar mond.

'O ja... Dat is waar... Ik hoef helemaal geen snurksiroop te maken.'

'Zonde van mijn bloemen,' pruttelde de egel.

De heks keek naar de stelen voor de deur en zuchtte. 'Ja...'

'Neemt u mijn bloemen maar mee,' zei de haas. 'En de vaas mag u houden.'

De heks keek somber naar de bloemen. Toen glimlachte ze.

'Wat mooi. Vooral die blauwe.'

Ze slofte met de vaas naar buiten.

De egel ging aan tafel zitten.

'Hoe kon ik nou weten, dat dat slaapklokjes waren?'

'Ik ben blij, dat je ze geplukt hebt,' zei de haas. 'Nu kan ze voorlopig geen slaapdrank maken.'

'Ja, dat was heel slim van mij,' zei de egel trots. 'En ik wist het niet eens.'

De haas klopte hem op zijn schouder.

'Dat is het allerslimste.'

'Zij met haar slaapdrank,' zei de egel. 'Ik slaap altijd goed.'

De boze heks moet lachen

Fluitend wandelde de haas door het bos. De zon scheen, vlinders fladderden, het rook naar bloemen.

Toen de haas in de buurt van de heksenhut kwam, hield hij op met fluiten. Hij had de heks al een tijd niet gezien. Zou ze met een toverkunst bezig zijn?

Maar nee. De heks had een stoel buiten gezet en zat voor de deur in de zon. Ze staarde naar de regenton.

'Ha die heks!' riep de haas. 'Wat een mooi weer, vandaag.'

'O ja?' zei de heks somber.

'Zit u lekker in de zon?'

'O ja?'

De haas ging naar haar toe.

'Hoe gaat het met toveren?'

'Toveren?' De heks schrok op. 'Ik tover al een tijdje niet meer.'

'Nee... Nou u het zegt. Waarom niet?'

De heks zuchtte diep.

'Ik heb er geen zin meer in. Ik heb nergens zin in, de laatste tijd.'

'Maar dat is niets voor u. U bent altijd bezig, met drankjes en poeders, met koekjes en bessensap.'

De heks knikte droevig. 'Ja. Maar dat is over.'

'Kom kom,' zei de haas en hij klopte op haar knie. 'Wat denkt u van een toverdrank? Zo'n hele gemene, om ons goed dwars te zitten?'

De ogen van de heks lichtten even op. Toen schudde ze haar hoofd.

'Veel te veel werk.'

'En als ik nou help? Dan maken we hem samen.'

De heks gaapte. 'Laat maar.'

'Zal ik u voorlezen uit uw toverboek?'

'Nee.'

'Gaat u mee wandelen? Wilt u een spelletje doen? Zal ik de anderen halen?'

'Nee.'

'Wat wilt u dan?'

'Ik weet niet, wat ik wil. Ik wil gewoon niks. Loop maar liever door. Ik wil ook niet praten.'

Langzaam liep de haas door. Ineens begon hij te rennen. Hij haalde de egel en de merel op en ging ze voor naar de boom van de uil.

'Uil! Kom naar beneden.'

Het bleef stil.

'Die slaapt nog,' zei de egel en hij gooide een den- nenappel de boom in. De merel floot schel.

De blaadjes bewogen en de uil keek slaperig omlaag.

'Wat is er? Een vergadering?'

'Ja,' zei de haas. 'Een vergadering over de boze heks.'

De uil vloog naar beneden.

'Is ze weer iets gemeens aan het toveren?'

'Nee. Dat is het nou juist. Ze tovert niet meer.'

'Hoi hoi hoi!' juichten de egel en de merel en ze dansten rond.

'Hou op,' zei de uil.

'Waarom?' vroeg de merel. 'Het is toch fijn, dat ze niet meer tovert?'

'Voor ons wel,' zei de haas. 'Maar voor haar niet. Een heks moet toveren, anders wordt ze ziek.'

'Waarom tovert ze niet meer?' vroeg de uil.

'Ze heeft er geen zin meer in. Ze doet niets en ze wil niets en is heel somber.'

'Dat is niet goed,' zei de uil bezorgd. 'We moeten haar opvrolijken. Ze moet weer lachen.'

'Ik weet een mop!' riep de egel.

De uil keek hem misprijzend aan.

'Ik dacht meer aan een gedicht.'

'Liever een liedje,' zei de merel. 'Dat is vrolijker dan die gedichten van jou.'

'We kunnen ook iets lekkers maken,' zei de egel. 'Of een kunstje doen.'

De haas streek nadenkend over zijn kin.

'Dat is een goed idee...'

'Een kunstje?' vroeg de uil ongerust. 'Moet ik...'

'Jij maakt een gedicht. De merel maakt daar een liedje van en dat gaan we voor haar zingen. Ik bak wafels en de egel...'

'Ik vertel een mop!'

'De egel doet een kunstje. Misschien wordt ze dan weer vrolijk.'

'Als ze mijn mop hoort, is ze zo weer vrolijk. Willen jullie hem horen?'

'Nee,' zei de haas.

'Laat maar,' zei de uil.

'Een ander keertje,' zei de merel.

'Maar hij is heel leuk: Twee konijnen lopen langs het ven. Zegt het ene konijn...'

De egel keek om zich heen.

'Niet weglopen! Wacht op mij!'

De boze heks zat nog steeds onderuitgezakt in haar stoel. Ze schrok op van een vreemd geluid, dat steeds harder werd.

Tsjeng! Tsjeng! Tsjeng!
Daar kwam de egel het bos uit marcheren. Zo hard hij
kon, sloeg hij twee deksels tegen elkaar. Tsjeng! Tsjeng!
Achter hem liep de haas. Hij droeg een mand met een
theedoek erover. En daarachter kwamen de uil en de
merel.
De egel marcheerde recht op de heks af. Tsjeng! Tsjeng!
'Hou op!' riep de heks en ze hield haar handen tegen
haar oren.
De egel legde de deksels weg.
De haas zette de mand neer en kwam naar voren.

'We hebben een verrassing voor u. De uil en de me-
rel...'
'Ik weet een mop,' zei de egel. 'Twee konijnen...'
De haas duwde hem opzij.
'De uil en de merel hebben samen een lied gemaakt en
dat gaan we voor u zingen.'
Hij draaide zich om naar de anderen en sloeg de maat.

'Onze heks is droef en stil
Ze weet niet wat ze wil.
Was ze maar weer boos en blij
Als een regenbui in mei.'

De heks luisterde met gebogen hoofd. Langzaam liep er een traan over haar wang.

De egel trok aan haar rok.

'Krijg je alweer zin in toveren? Iets lekkers, ofzo?'

'Nee,' zei de heks en veegde haar wang af.

'Mag ik dan mijn mop vertellen?'

'Nee!' zei de haas.

'Maar we moeten haar toch aan het lachen maken?' fluisterde de egel. 'Van dat liedje gaat ze huilen.'

'Huilen helpt ook. En dan nu...'

'Mijn mop?'

'...de mand!'

De haas zette de mand voor de voeten van de heks en trok de theedoek eraf.

'Wafels! Een mand vol.'

'Ik mocht nog een kunstje doen,' mokte de egel.

'Dat is waar ook. Opgelet. Een kunstje van de egel.'

'Allemaal opzij!' riep de egel. 'Ik heb ruimte nodig.'

Hij ging op zijn handen staan.

'Kijk dan! En nu ga ik...'

Hij viel om en rolde tegen de mand aan.

'Kijk toch uit!' riep de uil.

'Noem je dat een kunstje?' grijnsde de merel.

De heks glimlachte even.

'Niet lachen,' zei de egel beledigd. 'Als het lukt, is het een kunstje.'

De haas ging met de mand rond.

'Mmm,' zei de heks. 'Wat een lekkere wafels.'

98

'Wil je nu weer toveren?' vroeg de egel.

'Nee,' zei de heks en ze nam nog een wafel.

'Mag ik dan eindelijk mijn mop vertellen? Alsjeblieft?'

'Vertel maar,' zuchtte de heks. 'Dan zijn we er vanaf.'

Stralend ging de egel staan.

'Twee konijnen lopen langs het ven. Zegt het ene konijn tegen het andere konijn...'

Hij hield op en staarde naar de mand.

'Nou?' vroeg de heks. 'Wat zei dat konijn?'

De egel slikte. 'Weet ik niet meer...'

De heks begon zachtjes te grinniken. Ze grinnikte steeds harder. Ze sloeg op haar knieën en gierde het uit.

'Hihahoe! Dat egelbeest met zijn mop. Hihahoe!'

De egel werd rood. 'Niet lachen!'

'Ze lacht weer,' fluisterde de haas in het oor van de uil.

'Ze is niet somber meer,' fluisterde de uil in het oor van de merel.

'Het is ons gelukt,' fluisterde de merel in het oor van de egel.

'Het is míj gelukt,' zei de egel nijdig.

'Poe,' pufte de heks. 'Ik heb in tijden niet zo gelachen.' Nog nagrinnikend boog ze voorover om een wafel te pakken.

De egel gaf een harde trap tegen de mand.

De heks greep mis en viel uit haar stoel. De mand lag ondersteboven in de varens.

'Eigen schuld,' zei de egel. 'Had je maar niet moeten lachen.'

De haas en de uil schoten toe.
Maar de heks krabbelde al overeind.
'Stiekem stekelbeest! Mandentrapper! Moppentapper!
Dat zal ik je betaald zetten.'
Meteen vloog de mand uit de varens omhoog en zakte
over het hoofd van de egel.

'Help!' riep de egel. 'Ik zie niks. Haal weg.'
'Hoera!' juichten de andere dieren. 'U tovert weer!'
'Ja,' zei de heks verbaasd. 'Het ging vanzelf.'
De egel zette de mand af. 'Dat komt door mij.'
'Door jou, ja,' gromde de heks. 'En door jou ga ik nog
veel meer toveren. Mij op de grond laten vallen! Mijn
wafels wegtrappen! Ik tover je in de hoogste boom. Ik
verander je in twee konijnen. Oeioeioei!'
De egel draaide zich om en holde weg.

De heks pakte de deksels van de grond en holde achter hem aan. Tsjeng! Tsjeng! Tsjeng!

De haas keek haar glimlachend na.

'Gelukkig. Ze is weer helemaal de oude.'

De uil raapte de wafels uit de varens en deed ze weer in de mand.

'Zet maar in het midden,' zei de merel. 'We hebben wel een wafel verdiend.'

'Wel twee,' zei de uil.

'Wel drie,' zei de haas. 'Maar laat iets over voor de heks en de egel. Ze zullen straks wel honger hebben.'

Kleefknikkers

De haas stond voor zijn huis en keek somber naar een plank naast de deur.

'Alweer los.'

Hij zuchtte en liep naar binnen om een hamer en spijkers te halen. Hij had net de eerste spijker in de plank geslagen, toen de uil naast hem landde.

'Haas ! Kom gauw! De egel zit vast.'

'Hoewewoelje, was?'

'Wat zeg je?'

De haas haalde de spijkers uit zijn mond.

'Hoe bedoel je, vast?'

'Vast aan de grond. Hij trapte ergens op en dat plakte. En nu kan hij niet meer weg.'

De haas legde de hamer en de spijkers neer.

'Waar is hij?'

'Loop maar achter me aan,' zei de uil en hij vloog weg. Op een donkere plek, diep in het bos, stond de egel.

'Haas! Mijn voet zit vast!'

'Waaraan?'

'Weet ik niet. Het lijkt wel een soort lijm.'

De haas ging op zijn hurken zitten en trok aan de voet van de egel.

'Dat helpt niet,' zei de uil. 'Heb ik ook al geprobeerd.'

De haas ging weer staan en keek om zich heen.

Een eindje verderop zag hij een klein, grijs bolletje.

Hij pakte een tak en duwde er tegen.

'Kijk eens!' riep hij. 'Die tak zit ook vast.'

Hij trok zo hard hij kon.

'Niet los te krijgen. Dat spul is het dus.'

'Daar ligt er nog een,' wees de egel.

'Die dingen kunnen overal liggen,' zei de uil angstig. 'Ik beweeg niet meer.'

'Ik wil hier weg,' klaagde de egel. 'Ik heb wel wat anders te doen.'

'Er is er maar één, die je los kan krijgen,' zei de haas. 'En dat is de boze heks. Uil, ga jij haar halen?'

'Ik? Ik beweeg niet. Veel te gevaarlijk.'

'Voor jou niet, want jij kunt vliegen.'

'O ja,' zei de uil opgelucht. 'Dat is waar.'

Hij sloeg zijn vleugels uit en vloog weg.

'Denk je, dat de heks dat spul heeft rondgestrooid?' vroeg de egel.

'Ik weet het wel zeker,' zei de haas. 'Dit is toverspul, dat kan niet anders.'

Hij spitste zijn oren. 'Daar is ze al.'

Met een suizend geluid kwam de boze heks op haar bezem aanvliegen. Naast haar vloog de uil.

De haas stootte de egel aan.

'Kijk. Er hangt een mandje aan haar bezem.'

De boze heks landde en liep naar de egel.

'Wat hoor ik? Kun je niet meer weg?'

'Nee,' zei de egel. 'Tover me los. Ik wil naar huis.'

De heks hurkte en trok aan zijn voet.

'Hebben wij ook al geprobeerd,' zeiden de haas en de uil.

De heks sprong op. 'Ze doen het! Wat goed!'

'Wat zijn die grijze bolletjes?' vroeg de haas.

'Kleefknikkers! Zelf bedacht. Daar moet je toch de boze heks voor zijn.'

'Maar die dingen zijn gevaarlijk,' zei de uil. 'De egel had kunnen omkomen van honger en dorst.'

'Ik heb al dorst,' klaagde de egel. 'Tover even een glas bessensap voor me.'

De heks luisterde niet. Ze danste om de egel heen.

'Ze doen het! Ze doen het! Wat ben ik toch knap!'

Achter haar rug sloop de haas naar de bezem. Hij trok het mandje eraf en zette het achter een boom. Toen tilde hij voorzichtig de bezem op en legde hem op een grijs bolletje.

De heks zag het niet.

'Ze doen het! Ze plakken! Zo vang ik domme dieren!'
'Hou op!' riep de egel. 'En maak me los.'
'Blijf maar even staan, hihihi. Eerst ga ik de laatste knikkers uitstrooien.'
'Plakken ze dan niet aan uw vingers?' vroeg de haas.
'Ze plakken pas, als ze neerkomen,' grinnikte de heks. 'Dat heb ik heel knap getoverd.'
Ze wilde haar bezem pakken.
'Hee, hij zit vast. Hoe kan dat nou?'
'Misschien heeft u hem per ongeluk op een kleefknikker gelegd,' zei de haas.
'Heel gevaarlijk, die kleefknikkers,' zei de uil.
De heks rukte aan de bezem. Toen bukte ze.
'Een kleefknikker! Niet gezien, daarnet.'
'Zo gebeuren er nu ongelukken,' zei de haas. 'Je let even niet op en het is te laat.'
'Nu is het de bezem,' zei de uil. 'Maar het kan u zelf ook overkomen.'
'Of je toverboek,' zei de egel.
De heks mompelde iets.
'Ik ben weer los!' riep de egel. 'Haas, uil, kijk dan. Ik ben weer los.'
'Heel verstandig van u,' zei de haas. 'Plakken die andere knikkers nu ook niet meer?'
'Die op de grond niet,' zei de heks. 'Die in het mandje wel. Die heb ik tenminste nog.'
Ze keek om zich heen.
'Waar ís mijn mandje?'

'Mandje?' vroeg de haas. 'Welk mandje?'

'Het mandje, dat aan mijn bezem hing.'

'Hing er een mandje aan uw bezem? Ik heb geen mandje gezien. Jij, uil?'

'Nee,' zei de uil nadenkend. 'Hoe zag het eruit?'

'Het is vast van je bezem gevallen,' giechelde de egel. 'Net goed.'

'U kunt beter meteen gaan zoeken,' zei de uil bezorgd. 'Wie weet, waar het is terechtgekomen.'

'Misschien wel vlak voor je deur,' joelde de egel. 'Dan plak je zelf vast.'

Met een kwaad gezicht sprong de heks op haar bezem en vloog weg.

'Goed zoeken!' riep de egel haar na. Hij draaide zich om.

'Zo. En nu wil ik wat drinken.'

'We gaan bij mij thuis iets drinken,' zei de haas. 'Dan kan ik meteen die laatste knikkers onschadelijk maken.'

Hij liep naar de boom en kwam terug met het mandje. 'Kijken jullie, of de heks eraan komt.'

De uil vloog voor hem uit.

De egel liep achter hem en keek naar alle kanten.

Toen ze vlak bij het huis van de haas waren, hoorden ze een suizend geluid.

'Daar is ze,' siste de egel.

De haas zette snel het mandje tegen een boom en ging er voor staan. De uil kwam naast hem staan en leunde tegen de stam. De egel rolde zich op.

'Niet doen,' fluisterde de haas. 'Dat snapt ze meteen, dat er iets is.'

De egel ging gauw weer staan.

'Gewoon doen,' fluisterde de uil. 'Heel gewoon, net als altijd.'

De boze heks vloog langzaam over en keek zoekend naar beneden.

'Lalalalala,' zong de egel. Hij huppelde rond en zwaaide naar de heks.

De heks dook naar beneden. 'Wat is er?'

'Hij, hij moet even bewegen,' riep de haas. 'Hij heeft zo lang stilgestaan.'

De heks vloog door en verdween achter de bomen.

'Poe,' zei de uil bleek. 'Waarom ging je nou zo raar springen? Ik zei toch, dat je gewoon moest doen?'

'Dat ging niet,' klaagde de egel. 'Ik kan alleen gewoon doen, als ik er niet bij nadenk.'

'Ze heeft het mandje gelukkig niet gezien,' zei de haas. 'Doorlopen.'

Snel gingen ze verder, naar het huis van de haas.

'Wat ga je doen, met die plakdingen?' vroeg de egel.

De haas wees naar de plank naast de deur.

'Mijn huis repareren.'

'Die plank zit los,' zei de uil. 'Daar moet je iets aan doen.'

'Ik heb hem al drie keer vastgetimmerd. Maar nu moet het lukken.'

De haas trok de plank naar voren. Hij hield het mandje

erboven en schudde het leeg. Toen duwde hij de plank
weer op zijn plaats.
'Help even aandrukken.'
Met zijn drieën duwden ze de plank vast.
Een suizend geluid kwam naderbij en een schelle stem
riep: 'Duwen jullie het huis omver?'
De dieren keken omhoog.
'We zetten een plank vast,' legde de haas uit. 'En kijk
eens. We hebben uw mandje gevonden!'

De egel ziet dubbel

De haas liep langzaam over het bospad en schopte een dennenappel voor zich uit. Wat zou hij vandaag eens gaan doen?

Hij schopte de dennenappel de open plek op.

Daar zat de egel op de grond, met een hand voor zijn oog.

'Hoi egel!'

De egel hield zijn andere hand voor zijn andere oog.

'Wat ben je aan het doen?'

'Er is iets met mijn ogen,' zei de egel met een klein stemmetje. 'Ik zie dubbel.'

'Sinds wanneer is dat?' vroeg de haas ongerust.

'Sinds daarnet.'

'En zie je echt alles dubbel?'

'Daarnet wel, maar nu weet ik het niet zeker. Ik kijk steeds naar die boom. Maar er staan zoveel bomen omheen, dat ik niet weet, of ik één of twee bomen zie.'

'Kijk eens naar mij. Hoeveel hazen zie je?'

De egel keek, kneep zijn ogen dicht en keek nog eens. 'Eén.'

De haas raapte zijn dennenappel op.

'En hoeveel dennenappels zie je?'

'Eén. Wacht even.'

De egel hield een hand voor zijn rechteroog en daarna voor zijn linkeroog.

'Ja, één.'

'En hoeveel...' De haas keek om zich heen. 'Hoeveel uilen zie je?'

'Ook één!' riep de egel. 'Het is over! Hiep hoi, het is over!'

'Wat is over?' vroeg de uil, terwijl hij neerstreek naast de haas.

'De egel zag dubbel,' legde de haas uit.

'Dat is niet best,' zei de uil zorgelijk. 'Dat kan wel eens gevaarlijk zijn. Dat kan een ziekte zijn, dat...'

'Het is alweer over,' zei de haas. 'Wat zullen we vandaag gaan doen?'

'Help!' riep de egel. Hij hield een hand voor zijn oog.
'Het is teruggekomen.'

'Zie je ons dubbel?' vroeg de haas.

'Jullie niet, maar de heks wel. Net als daarnet.'

De haas en de uil keken om.

'Ik zie ook dubbel,' zei de uil hees. Hij hield een vleugel voor zijn oog.

De haas knikte. 'Ik zie ook twee heksen.'

'Jij ook al,' jammerde de uil. 'Het is besmettelijk.'

En hij ging verder van de egel af zitten.

'Ik zie twee heksen,' zei de haas langzaam. 'En weet je waarom? Er zíjn twee heksen.'

'Hee, nou zie ik het ook,' zei de egel. 'Het zijn er twee.'

'Ja...' zei de uil. 'Op twee bezemstelen.'

'Ik dacht, dat ik ziek was,' zei de egel opgelucht. 'Maar het zijn gewoon twee heksen.'

'Poe, ik schrok echt even,' zuchtte de uil. 'Maar gelukkig...'

Hij verbleekte. 'Twee heksen?'

'Ja,' zei de haas. 'En ik weet al, wat we vandaag gaan doen.'

'Picknicken?' vroeg de egel.

'Nee. We gaan de anderen waarschuwen. Zagen jullie niet, wie dat was? Dat was de Zuiderheks! Onze heks heeft haar zus op bezoek.'

'De Zuizuizuiderheks,' stotterde de uil.

'Zij en haar zus,' zei de egel. 'Daarom zijn er twee.'

'Dubbele narigheid,' zuchtte de uil. 'Weet je nog, wat

ze de vorige keer samen allemaal hebben uitgehaald?'

De haas streek over zijn snorren.

'Ja. Ik heb toen een plan bedacht, om de Zuiderheks weg te krijgen.'

'Dan bedenk je nu toch weer een plan?' zei de egel.

De merel kwam aanvliegen.

'Jullie raden nooit, wie er is!' riep hij buiten adem.

'De Zuiderheks natuurlijk,' zei de egel. 'Dat zag ik meteen.'

Een paar dagen later zaten de uil en de egel en de merel bij de haas aan tafel.

'We moeten iets doen,' zei de haas. 'De Zuiderheks tovert het hele bos in de war.'

'Alle konijnen hebben een krulstaart,' zei de uil somber.

'En de slakken kunnen vliegen,' zei de egel. 'Er vloog er een tegen mijn hoofd.'

'Gisteren heeft ze de vos een boom in getoverd,' vertelde de merel. 'Helemaal bovenin. En de kraai vliegt nu ondersteboven.'

De haas trommelde nadenkend op de tafel. 'Maar waar is onze eigen heks? Ik heb haar al dagen niet gezien.'

'Wees blij,' zei de merel. 'Anders was het helemaal niet te harden.'

Er werd op de deur geklopt.

De dieren keken elkaar aan.

'Niet opendoen,' fluisterde de uil. 'Het kan de Zuider-heks zijn.'

Weer werd er geklopt.

De haas liep naar de deur. 'Wie is daar?'

'Doe open,' zei een schelle stem.

'Zie je wel,' fluisterde de uil. 'Ze komt ons betoveren.'

'We zijn niet thuis!' riep de egel.

De deur vloog open en de boze heks kwam binnen.

'Hoe kan dat nou?' vroeg de haas. 'De deur was op slot.'

'Opengetoverd,' zei de heks. 'Wat denk je wel? Mij buiten laten staan. Waarom doe je niet open, als ik klop?'

'We dachten, dat het uw zus was,' legde de haas uit en hij deed gauw de deur weer dicht.

'Mijn zus,' zuchtte de heks. Ze ging aan tafel zitten.

'We hadden het net over haar,' zei de merel. 'Ze betovert alles wat ze tegenkomt.'

De heks snoof. 'Dat is nog niets. Als je eens wist, wat ze van plan is...'

'Nog meer narigheid?' vroeg de uil angstig.

'Wat dan?' vroeg de haas.

'Ze wil me hier weghebben,' zei de heks dof. 'Ze wil een heksenwedstrijd. En wie wint, mag het bos hebben.'

'Maar dat doet u toch niet?' riep de haas. 'Dit is uw bos, en dat kan niemand u afnemen.'

'Dat kan wel,' zei de heks met een zucht. 'Als een andere heks een wedstrijd wil, dan kun je dat niet weigeren. Dat moet je doen.'

'Wat voor wedstrijd?' vroeg de egel. 'Hardlopen? Bezemvliegen?'

'Nee, natuurlijk niet,' snauwde de heks zenuwachtig. 'Toveren. We moeten allebei de regenboogdrank maken.'

'Is dat alles? Dan maak je die toch even?'

De heks schudde droevig haar hoofd.

'De regenboogdrank is de moeilijkste toverdrank, die er bestaat. Die is me nog nooit gelukt. En zij maakt hem geregeld.'

'Sjonge,' zei de haas. 'Wanneer is die wedstrijd?'

'Morgen. Op de open plek.'

'Morgen al...'

De haas liep nadenkend heen en weer.

'Wat een narigheid,' zei de uil voor zich uit.

'Dat wordt spannend, ja,' mompelde de merel.

'Ik kan er niet van slapen,' klaagde de heks. 'Ik oefen elke dag, maar het lukt me niet.'

De egel klopte op haar hand. 'Ik help je wel.'

'Jij?' hoonde de heks. 'Helpen? Van de wal in de sloot zeker.'

De haas stond stil.

'Van de wal in de sloot,' zei hij nadenkend.

Hij gaf een klap op de tafel.

'Ik heb een plan!'

De heksenwedstrijd

De volgende ochtend zaten de uil en de egel en de merel op de omgevallen boom. Ongeduldig keken ze het pad af.

'Waar blijft ze nou?' vroeg de egel.

De kraai vloog ondersteboven voorbij.

'Naar huis!' kraste hij. 'De Zuiderheks komt eraan!'

De dieren sprongen van de boomstam af en gingen midden op het pad staan.

De uil plukte aan zijn veren. De merel hipte op en neer en de egel moest steeds hoesten.

'Sst!' siste de merel.

'Kriebel in mijn keel,' fluisterde de egel. 'Kan ik het helpen?'

Daar kwam de Zuiderheks aanlopen, met een mandje aan haar arm.

Ze schopte een paddestoel los en rukte blaadjes van de struiken. De uil maakte een buiging.

'Goedemorgen, o Zuiderheks.'

'Opzij,' grauwde de Zuiderheks. 'Van het pad af.'

'We moeten u spreken,' zei de merel. 'Dringend.'

'Je ziet toch, dat ik kruiden zoek?'

'Maar we willen je helpen,' zei de egel.

De Zuiderheks bleef staan.

'Helpen? Waarmee?'

'Met de heksenwedstrijd.'

'Hoe weten jullie dat, van die wedstrijd? Heeft mijn zus gekletst?'

'Ja,' zei de uil. 'Ze vroeg, of we haar wilden helpen. Maar we helpen u liever.'

De Zuiderheks keek verbaasd van de één naar de ander.

'Waarom?'

'We willen wel eens een andere heks,' zei de merel.

'De onze is niet aardig,' zei de egel. 'Ze heeft eens een knoop in mijn stekels gelegd.'

'Hihihi,' grinnikte de Zuiderheks. 'Wat gemeen. Bah. Dat zou ík nooit doen. Hihihi.'

De uil boog zich naar haar toe. 'Onze heks is zo lastig. Dat bent u toch niet?'

'Lastig?' grijnsde de Zuiderheks. 'Ik weet niet eens, wat dat is.'

'De laatste dagen was je anders wel...' begon de egel. 'Au.'

De uil gaf hem een stomp.

'Dat kwam door mijn zus,' zei de Zuiderheks gauw. 'Die stookte me op.'

'Dat dachten we al,' zei de uil. 'Dat is niets voor u, dachten we.'

'We hebben gewoon genoeg van onze heks,' zei de merel. 'We willen nou wel eens een lieve heks, die goed voor ons zorgt.'

'Ik zal heel goed voor jullie zorgen, hihihi.'

'Kun je taarten toveren?' vroeg de egel.

'Zoveel je maar wilt.'

'Laat zien!'

'Pas als ik hier de baas ben. Eerst moet ik winnen.'

'Daar helpen we u bij,' zei de uil. 'Als u iets nodig hebt, vraagt u het maar aan ons. Dan gaan wij het voor u halen.'

'Wij geven u de kruiden aan,' beloofde de merel.

'Mag ik roeren?' vroeg de egel.

De uil maakte weer een buiging. 'Op ons kunt u reke-nen.'

'Daar zullen jullie geen spijt van krijgen,' grinnikte de Zuiderheks. 'Breng maar vast een bosje varens en drie vliegenzwammen naar de open plek. En gauw een beet-je.'

'We gaan al,' riep de uil. Op een drafje liepen de dieren weg. De Zuiderheks keek ze met een valse grijns na.

'Wat een stommelingen. Die wonen hier niet lang meer, als ik eenmaal de baas ben. Taarten toveren! Wat denken ze wel!'

Toen de uil en de egel en de merel de open plek op-kwamen, zagen ze twee vuurtjes. En boven elk vuurtje zweefde een ketel.

De boze heks liep zenuwachtig heen en weer. De haas liep naast haar, met zijn neus in het toverboek. Om zijn hals had hij een fluitje.

'Drakevaren en bramen,' mompelde de heks. 'Goed roeren en dan pluisgras erbij en... en... Niet zeggen, ik weet het al: bosviooltjes.'

'Eerst drie vliegenzwammen,' zei de haas.

'O ja,' zuchtte de heks. 'Ik onthoud het nooit. Ik kan het niet.'

'U kunt het wel. U moet winnen en wij helpen u.'

'Jajaja,' mompelde de heks.

'Hoe blijven die ketels in de lucht hangen?' vroeg de egel.

'O, gewoon. Toverkracht.'

'Wat knap,' zei de uil.

'Valt wel mee. Ik wou, dat die regenboogdrank ook zo makkelijk was.'

Daar was de Zuiderheks, met haar mand vol kruiden.
Ze keek spottend naar het toverboek.

'Moet jij nu nog het recept nakijken? Ik ken het uit mijn hoofd.'

'De varens en de vliegenzwammen liggen voor u klaar,' wees de uil.

De Zuiderheks zette de mand neer en wreef in haar handen.

'Dat wordt een makkie. Gaan we beginnen?'

'Als ik het sein geef,' zei de haas.

Hij ging midden op de open plek staan.

'Op uw plaatsen. Klaar? Af!'

Hij blies op het fluitje. Priiiiiii!

De heksen holden naar hun ketel. Ze mengden de kruiden en mompelden spreuken.

In de ketels begon het te borrelen en een kleurige damp steeg op.

Met een starre blik stond de boze heks te roeren.

'Pluisgras,' fluisterde ze. 'En dan... dan...'

'Vliegenzwammen,' zei de haas zachtjes. 'Hier.'

De Zuiderheks stond vals neuriënd naast haar ketel. Van tijd tot tijd draaide ze zich om en snauwde: 'Vliegenzwammen! Viooltjes!'

De uil en de merel gooiden inktzwammen en brandnetels in de pan. De egel roerde.

De Zuiderheks grinnikte naar haar zus, die met een hoogrode kleur viooltjes in de ketel strooide.

'Valt niet mee, hè? Hihihi.'

Achter haar rug liet de merel handenvol aarde in de toverdrank vallen.

'Doorwerken, jullie,' commandeerde de Zuiderheks. 'Waar blijven de bramen?'

'Bramen,' herhaalde de uil en hij gooide eikels in de pan.

De Zuiderheks duwde de egel opzij.

'Je roert niet goed. Ik doe het zelf wel. Is er nog pluisgras?'

'Hier,' zei de egel.

De Zuiderheks roerde. 'Wat doe je nou? Dat is gewoon gras.'

'Dom van mij,' giechelde de egel. 'Hier is pluisgras.'

En hij liet klaverblaadjes in de pan dwarrelen.

De hele dag werkten de heksen aan de regenboogdrank.

Toen de zon begon te zakken, blies de haas lang en hard op zijn fluitje. Prrriiiiiiiii!

'De tijd is om! Deksel op de pan!'

De heksen legden een deksel op de pan en deden een stap achteruit.

'Poe,' pufte de boze heks en ze veegde over haar gezicht.

'Ik kan wel zien, dat jij nooit moeilijke toverdranken maakt,' grinnikte de Zuiderheks.

'We gaan kijken wie er gewonnen heeft,' zei de haas. 'Eerst de Zuiderheks.'

Met een zwierig gebaar tilde de Zuiderheks het deksel op.

De uil hield zijn neus dicht.

'Dat is bagger!' riep de egel. 'Stinkbagger!'

Geschrokken keek de Zuiderheks in de ketel.

'Bruin? Dat kan toch niet?'

Ze pakte haar lepel en roerde door de drab.

In het bruin verschenen grijze strepen en paarse bellen.

'Daar,' zei de Zuiderheks. 'Zie je wel? De regenboog.'

'Dat is toch geen regenboog,' zei de merel. 'Dat is smurrie met een kleurtje.'

'Stinkblubber,' hikte de egel.

'Dat is jullie schuld!' schreeuwde de Zuiderheks. 'Jullie hebben me de verkeerde dingen aangegeven.'

De uil boog zijn hoofd. 'We hebben echt ons best gedaan...'

'Om je in de war te brengen,' fluisterde de egel.

De Zuiderheks smeet haar pollepel op de grond.

'Niet helemaal gelukt. Maar hij is nog altijd beter dan die van haar, dus ik heb toch gewonnen.'

De haas wees naar de boze heks. 'Uw toverdrank.'
De boze heks slikte en tilde aarzelend het deksel op.
De toverdrank was helderrood.
'Wat een mooie kleur,' zei de merel. 'Maar...'
'Het wordt oranje,' zei de uil.
Het rood veranderde langzaam in oranje. Het oranje
werd geel, het geel werd groen, het groen blauw en het
blauw werd paars. Sprakeloos keken de dieren toe.
'Nou is het weer rood,' zei de egel zachtjes.
De heks pakte haar pollepel en roerde de drank lang-
zaam door.
'Kijk nou!' riep de uil. 'Dat is gek.'
De merel floot bewonderend.
Het rood was nu in het midden. Daaromheen was de
drank oranje, daaromheen geel, groen, blauw, paars...

'Een ronde regenboog,' zei de uil. 'Hoe is het mogelijk.'
'Een regenboog in een pan,' zei de merel.
De boze heks knipperde met haar ogen.
'Het is me gelukt,' zei ze schor. 'Ik kan het.'
Prrriiiiiiiiiiii! blies de haas.
'De boze heks heeft gewonnen! Hiep hiep hiep...'
'Hoera!' juichten de dieren en ze dansten om de ketel
heen.
'Leve de boze heks! Leve het plan van de haas!'
De Zuiderheks was heel bleek geworden.
'Zo!' schreeuwde ze schril. 'Zo! Maar dat neem ik niet!
Zo gemakkelijk komen jullie niet van me af!'
Ze trapte tegen haar ketel. De ketel viel om en de stin-
kende drab sijpelde over de grond.
'Neus dicht!' joelde de egel.

De Zuiderheks draaide zich vliegensvlug om en siste een spreuk. Meteen was de egel verdwenen.

'Laat dat!' De boze heks duwde haar zus opzij en knipte met haar vingers.

Daar was de egel weer. Hij zag bleek en zijn stekels trilden.

'Er is er maar één, die dat mag doen,' zei de boze heks. 'En dat ben ik.'

'Ja,' zei de haas. 'Onze heks heeft gewonnen, dus u moet weg. Afspraak is afspraak.'

'O ja?' De Zuiderheks kwam langzaam op de haas af.

'Dat had je gedacht. Ik krijg jou wel. Ik...'

De boze heks ging voor de haas staan.

'Ga weg. Dit is míjn bos...'

'Ons bos,' zei de haas.

'Dit is ons bos en dit blijft ons bos. Ga naar je eigen bos, in het Zuiden.'

'We willen jou niet,' zei de merel.

'U bent ons te lastig,' legde de uil uit.

De Zuiderheks stampte op de grond. Meteen kwam haar bezem aanvliegen.

'Ik ga al. Ik wil niet eens meer blijven.'

Ze sprong op haar bezem en vloog naar het Zuiden.

De boze heks zwaaide haar na: 'Goeie reis!'

'En nu feest!' zei de haas. 'Met regenboogslingers en regenboogballonnen.'

'En regenboogtaart,' zei de egel.

'Zorg ik voor,' beloofde de heks.

Stralend keek ze naar haar ketel.
'Ik kan regenboogdrank maken!'
'U bent gewoon een goeie heks,' zei de uil.
'De beste heks van de hele wereld,' zei de egel.
'Onze eigen heks,' zei de haas.